NUVEM DE TERRA

Plácido Berci

Nuvem de terra

Relatos do primeiro correspondente esportivo brasileiro no Quênia

GLOBO LIVROS

Texto fixado conforme as regras do Novo Acordo Ortográfico da Língua Portuguesa (Decreto Legislativo no 54, de 1995).

Editor responsável: Lucas de Sena Lima
Preparação de texto: Andressa Bezerra Correa
Revisão: André Marinho
Capa: Luiz Felipe Bracarense
Imagem de capa: Plácido Berci
Diagramação: Estúdio Versalete

1ª edição, 2018

DADOS INTERNACIONAIS DE CATALOGAÇÃO NA PUBLICAÇÃO (CIP)
VERÔNICA DE SÁ FERREIRA – CRB 7/6244

B485 Berci, Plácido.
Nuvem de terra : relatos do primeiro correspondente esportivo brasileiro no Quênia / Plácido Berci. – Rio de Janeiro : Globo Livros, 2018.
207 p. ; 21 cm.

ISBN 978-85-250-6626-8

1. Jornalismo esportivo. 2. Quênia - Descrições e viagens. I. Título.

CDD: 070.449796

Direitos de edição em língua portuguesa,
para o Brasil, adquiridos por Editora Globo S.A.
R. Marquês de Pombal, 25 – 20.230-240
Rio de Janeiro – RJ – Brasil
www.globolivros.com.br

À minha mãe e exemplo,
Maria de Fátima Almeida.
Você me ensinou a
acreditar em sonhos.

Abri meu coração às delícias do acaso.

GABRIEL GARCÍA MÁRQUEZ

Agradecimentos

Por vezes, a vida nos presenteia com pessoas especiais. Meu primo e irmão, Luiz Henrique Campos de Almeida, e generosas amigas, Juliana Ewers, Beatriz Scariot, Renatha Flores e Jéssica Balbino: saibam que este livro não teria saído do papel sem os constantes incentivos e revisões de vocês.

Agradeço ao também repórter Thiago Crespo pela consideração de sempre. Ele foi o primeiro a me avisar sobre as inscrições para a 4ª edição do projeto Passaporte SporTV.

Ao mentor que tive nesta aventura, Marcelo França. Profissional que inspira e enche o jornalismo de esperança.

Por fim, manifesto aqui minha eterna gratidão a todo o povo africano. Por serem quem e como são.

Sumário

Prefácio

Cada vez que chega uma turma nova do Passaporte SporTV, sou chamado para bater um papo. Conhecer os apresentadores dos programas do canal – para os quais vão contribuir com suas reportagens internacionais – faz parte do treinamento dos jovens jornalistas do projeto. Antes de começar a falar, gosto de observar os rostos. Tento adivinhar pelo olhar o que se passa na cabeça de cada um: expectativa, dúvida, ansiedade, realização. Para quebrar o gelo, conto um pouquinho da minha história, mas logo depois quero saber as deles – acabo sempre tendo mais a aprender do que a ensinar.

Aquela turma, que se preparava para cobrir os Jogos Olímpicos de 2016 – não no Rio, como muitos jornalistas sonhavam, mas espalhados pelo planeta – tinha um spoiler. Fábio Seixas, o chefe de reportagem que acompanhava todo o processo de treinamento, foi quem me avisou:

— Tem um cara aí que diz que começou a fazer jornalismo por sua causa.

Não me lembro exatamente como respondi, mas em casos como esse jornalistas sempre fazem uma piada. Algo do tipo:

— Coitado! Mas ainda está em tempo de desistir. Espera só até me conhecer...

É uma estratégia para disfarçar o orgulho, mas a parte da desistência ganhou novos contornos com o momento que vive nossa profissão. Sou jornalista há mais de 25 anos e nunca vi um conjunto de fatores como este: o mercado em constante redução e a indústria em profunda transformação. Já não é mais absurdo imaginar que num futuro próximo o jornalismo como o conhecemos simplesmente deixe de existir. Por que, então, um jovem como Plácido Berci decide seguir esse caminho?

— Resolvi ser jornalista vendo o *Redação SporTV*, quando você era o apresentador — confirmou Plácido, com todas as letras e o ar sereno, que foi a primeira característica que observei em seu olhar, na apresentação.

Fiquei sem graça. Resolvi, mais uma vez, com uma piada qualquer, mas não pude deixar de me lembrar de todo o processo que botou o "Redação" no ar: as reuniões para discutir o conceito do programa, as dificuldades técnicas, o convívio com grandes jornalistas (Armando Nogueira era nosso padrinho) e o orgulho de ver o resultado na TV – que se renovava ali, com o garoto que nos assistia naqueles tempos pioneiros transformado em colega de trabalho.

Hoje, estou de volta ao *Redação*, depois de ter apresentado, pelas minhas contas, pelo menos meia dúzia de outros programas do SporTV. Mas não foi em nenhum deles que vivi a experiência profissional que considero mais relevante. Nada do que fiz se compara a ser correspondente, como fui em Londres, entre 2011 e 2013. Porque, além de trabalhar em outro país, o pacote aí inclui morar em outro país – no meu caso, com mulher, uma filha e um filho. Procurar casa e escola, mudar os hábitos diários e a alimentação, conhecer novas pessoas e novas culturas – a gente nunca se restringe ao lugar onde vai morar... Foram dois anos transformadores, dos quais ainda hoje sinto saudade.

Sempre pensei, com uma pontinha de inveja e outra de curiosidade, no fato de que os repórteres do Passaporte SporTV vivem essa experiência bem no começo de suas carreiras. Alguns terão seu primeiro emprego num posto sonhado por muitos veteranos da profissão. Como será que isso mexe com a cabeça deles? Foi este *Nuvem de terra* que me trouxe a resposta. Plácido o escreveu de uma maneira que convida o leitor a embarcar com ele para o Quênia – como o companheiro que lhe faltava para dividir o que pensava e via. Começar a ler o livro é estar sentado na poltrona ao lado, no avião rumo a Nairóbi, compartilhando as dúvidas e os sonhos do primeiro correspondente brasileiro num país que conhecemos tão pouco.

Nos primeiros capítulos, ao contar a história da aprovação no projeto, Plácido se apresenta quase como fez naquela reunião no SporTV. O que é fundamental, porque são os sentidos do garoto do interior de São Paulo – e suas referências culturais – que vão nos guiar na viagem por aquele e por outros países africanos. Só ele viu os olhos tristes da menina que pedia dinheiro da janela do carro, sentiu o cheiro da favela onde moravam as jogadoras de futebol, ouviu os relatos dos maiores corredores do mundo, provou a tilápia com molho de tomate que se tornou seu prato favorito. Mas este livro dá forma, cor e sabor a cada um desses momentos – e os compartilha conosco.

O relato de Plácido tem histórias de pessoas, casos divertidos dos perrengues que passamos na nossa profissão, reflexões sobre as semelhanças e diferenças entre o Brasil e a África. Tem esporte também, afinal essa foi a origem da viagem. Mas, se tivesse de escolher uma característica principal para o livro, não seria nenhuma dessas, e sim o olhar – no sentido literal e no figurado, ambos com aquela serenidade que foi a primeira coisa a chamar minha atenção. *Nuvem de terra* nos convida a ver o Quênia com os olhos de quem quer aprender.

Vale a viagem.

Marcelo Barreto é jornalista esportivo desde 1991. Foi um dos fundadores do jornal Lance!. *Desde 2003 no* SporTV*, atualmente, é apresentador e editor-chefe do* Redação SporTV, *apresentador do* Globo Esportivo, *na Rádio Globo, e colunista do jornal* O Globo.

Capítulo I
O destino e uma terra distante

Caminhos

Sempre me interessei por tudo que fosse misterioso. Quando criança, gostava de desvendar charadas e assistir a filmes do tipo *Indiana Jones*. Boa parte das memórias mais vivas da infância me remete ao colo materno de Maria de Fátima Almeida e ao de minha avó paterna, Élida Pereira Berci. Ambas gastavam o português para contar histórias das mais variadas estirpes. Desde as que traziam uma lição ao final até outras destinadas ao mais puro entretenimento do agitado menino que não as deixava em paz.

Não perdia um episódio do desenho *As aventuras de Tintim*, e meu pai, Pedro Berci Filho, percebendo meu interesse pelo herói, procurava sempre me fazer companhia durante as aventureiras jornadas.

Personagem criado em 1929 pelo autor belga Georges Prosper Remi, mais conhecido como Hergé, Tintim era um repórter investigativo e frequente alvo de minhas canetadas pouco talentosas. Nas tardes livres da infância, gostava de passar horas desenhando gibis, criando histórias e depois dando trabalho para minha mãe – era ela a responsável pela encadernação dos "originais". Mesmo sem tato para a coisa, minha resposta era sempre a mesma quando perguntado sobre o que seria quando crescer.

— Desenhista de revistinhas em quadrinhos — afirmava com a confiança de um Hergé.

Cresci num universo familiar onde o lúdico era estimulado como forma de aumentar a criatividade por meio da fantasia. Aventuras eram possíveis, devaneios infantis não eram tolhidos. Exemplo disso é meu "Capitão Trovão", herói que vestia uma máscara preta cortada com tesoura escolar, um chapéu de palha, uma espada de plástico e acreditava estar pronto para salvar o mundo. O riso dos meus pais ao compartilharem das brincadeiras do personagem criado por mim – que eu jurava ser real – já era sinal de que alguns males do planeta tinham solução. Por volta dos oito anos de idade, resolvi juntar alguns amigos e criar um time de futebol: o Clube dos Craques. Organizávamos rifas para arrecadar dinheiro para os uniformes, conseguíamos patrocínios e participávamos de campeonatos. Contudo, faltava alguma coisa para o clube decolar. Faltava um jornal. Um ano depois, comecei a fazer o periódico chamado *Extra, Extra* como forma de registrar os placares dos jogos, quantos gols cada amigo tinha feito, entre outras informações úteis para o universo de uma criança. Meus amigos gostaram e, a partir daí, passei a fotocopiar o jornal e entregar um exemplar para cada integrante do time. Minha tiragem tinha uma média de quinze exemplares por edição.

Num piscar de olhos, a vida sem preocupações acabou. Já que me faltou talento para viver do desenho ou para encantar torcedores mundo afora com meus dribles, pensei em outras possibilidades. Talvez estudar história? Ser psicólogo e tentar entender um pouco mais a cabeça do ser humano? Cogitei até ser biólogo, por adorar as aulas de zoologia durante o ensino médio. Enfim, foram várias vidas quase escolhidas.

Decidi ser jornalista aos 15 anos, em 2005, quando, numa manhã de férias, assistia ao programa *Redação Spor*TV, à época apresentado pelo jornalista Marcelo Barreto.

Após quatro primaveras, fui aprovado no vestibular da PUC-Campinas e iniciei a profissão dois anos depois como repórter policial de um jornal impresso em Vinhedo, interior de São Paulo. Passei meses frequentando a delegacia da cidade e fazendo amizade com escrivães e investigadores. Com o delegado, nem tanto.

Mesmo gostando de escrever, o audiovisual sempre me fascinou. Ainda como universitário, trabalhei nas afiliadas da Record e da Globo, em Campinas. Mas foi dirigindo o documentário *Pacaembu: O gigante sem dono* (2012) que me dei conta do quanto a narrativa em vídeo era atraente. Quando percebi, já era um jornalista profissional.

No decorrer da vida, o tempo corre em velocidades distintas, de acordo com o momento. Num dia, estava esperando meus pais voltarem do trabalho para poder mostrar a eles meus desenhos; no outro, estava barbudo, trabalhando cerca de doze horas por dia, pendurado no telefone e me mantendo acordado sob o uso de um líquido negro de gosto forte. E como eu tomava café... A realidade era muito diferente das aventuras idealizadas por mim no passado. Não viajava o mundo, tampouco combatia o crime por meio da informação. O caminho diário do meu apartamento para o escritório era quase de meditação. Passei praticamente um ano repetindo o trajeto e pensando em como tudo estava se encaminhando. Caminhos. São tantas possibilidades. Sempre foram. Sempre serão.

— Preciso tentar — decidi durante um dos incontáveis goles de café.

Muitos, quase todos próximos a mim, não concordaram, mas pedi demissão do meu emprego.

O ano era 2014; e eu, um jornalista de 24 anos recém-chegado ao mercado de trabalho. Jovem e já entregue aos riscos da deriva profissional.

Um dia estava na garagem da minha casa em São Carlos, no interior de São Paulo, pronto para levar minha mãe ao serviço. Ela toda arrumada para a labuta, enquanto o único filho trajava bermuda, chinelos e uma larga camiseta em pleno dia comercial. A preocupação de dona Fátima deve ter aumentado após a seguinte revelação ao entrarmos no carro:

— Tenho pensado em ir para o Quênia no futuro. Sei lá, produzir um documentário ou escrever um livro sobre como surgem os corredores campeões. Conhecemos pouco sobre eles e, pelo que sei, é um país pouco desenvolvido. Como será que mesmo assim nascem tantos talentos?

— Ai, meu Deus, Plácido... Para de conversa fiada e acelera que estou atrasada.

Como você já deve ter percebido, meu gosto pelo jornalismo nasceu com a paixão pelo esporte. Vem desde a época do jornalzinho que reportava acontecimentos bombásticos e jogadas executadas pela minha turma de amigos.

O ano era de Copa do Mundo no Brasil e, àquela altura, eu coordenava um blog sobre futebol com outros colegas jornalistas. Em um breve retorno a Campinas, consegui cobrir o Mundial por um jornal tradicional da cidade e decidi usar o dinheiro que havia guardado durante os anos trabalhados para passar uma temporada no exterior, logo que a competição acabasse. A ideia era produzir conteúdo sobre o futebol da Inglaterra e aprimorar o inglês. Vivi em Manchester, noroeste do país, por oito meses. Foi um período mágico que rendeu o meu primeiro livro, *Paixão: Uma viagem pelo futebol inglês*.

A barba continuava grande, mas o café saiu de cena. Morava numa casa compartilhada e de aluguel barato com mais cinco pessoas: três brasileiros, uma bela moça da Lituânia e uma senhora peruana. Meu quarto era pequeno, contava apenas com uma cama, um armário e uma compacta escrivaninha. Foram incontáveis noites debruçado sobre ela, pensando no conteúdo do livro. Às vezes, batia o cansaço e eu ia para a frente do computador fuçar na internet. Numa madrugada, um jovem fotógrafo de Campinas, de quem eu muito ouvira falar, veio puxar papo no Facebook.

— Acompanho o trabalho que está fazendo nas suas viagens. Tenho gostado muito e, inclusive, quero lhe fazer um convite.

André Montejano tinha voltado havia pouco tempo de uma viagem para Moçambique. Foi para lá desenvolver seu trabalho de conclusão de curso da faculdade, um belíssimo livro de fotografias intitulado *Ntyisso*.

— Quero voltar à África e acho que poderíamos pensar juntos num projeto. Talvez um livro. Você faria o texto e eu cuidaria das fotos — sugeriu Montejano.

— Sempre fui louco para conhecer o continente, principalmente se for a trabalho. Pensou em qual país? — perguntei com uma boa sensação sobre a resposta.

— Meus pais têm alguns amigos missionários que frequentemente vão para a África e poderiam nos ajudar. O que acha do Quênia?

A chegada ao Brasil foi marcada por expectativas e incertezas. Com o livro sobre o futebol inglês a caminho e a necessidade de encontrar um emprego em curto prazo, desembarquei no Aeroporto Internacional de Guarulhos. Curiosamente no 1º de maio, Dia do Trabalho. O destino estava conspirando a favor ou tirando uma onda comigo.

Fui até Campinas encontrar com André Montejano e conversar sobre o convite que havia me feito. Não o conhecia pessoalmente. Recém-formado, ele tinha criado uma produtora de fotos e vídeos com seu irmão, Felipe, e marcamos uma reunião informal no escritório deles.

— Quer uma cerveja? — ofereceu enquanto abria um frigobar.

— Opa, claro! Ser seu próprio chefe tem suas vantagens, hein? — respondi enquanto abria a latinha mais do que depressa.

Conversamos por algumas horas. Senti firmeza nos ideais dele e saí confiante no fato de que, caso não encontrasse um emprego fixo interessante, o "projeto Quênia" poderia sair do papel em breve.

Na volta para a casa dos meus pais, em São Carlos, recebi uma mensagem: "Estão abertas as inscrições para a 4ª edição do projeto Passaporte SporTV". Maior canal de esportes do Brasil, pertencente ao Grupo Globo, o SporTV criou em 2010 um projeto para recrutar, a cada dois anos, jovens jornalistas para trabalharem como correspondentes internacionais durante os grandes eventos esportivos mundiais: a Copa do Mundo e as Olimpíadas.

Já havia participado do processo seletivo anterior, que daria vaga à cobertura da Copa de 2014, porém não fui selecionado. O fracasso foi, inclusive, um dos grandes catalisadores para minha decisão de largar a aparente estabilidade profissional e me aventurar pela Inglaterra. A vaga encaixava-se no perfil de "emprego interessante", idealizado no regresso ao Brasil, e resolvi me inscrever mais uma vez.

Foram mais de 3.900 candidatos inscritos, quase quatro meses de provas, dinâmicas e testes de reportagem. As noites anteriores às avaliações eram de pura tensão. Um sentimento pessoal de que era tudo ou nada. Fui avançando e cheguei até a última etapa do processo. As escolhas tomadas e a mudança de rota no caminho poderiam me levar aonde sempre quis? Ou teria sido tudo uma grande ilusão que acabaria no confronto com a dura realidade do mercado profissional?

Jamais me esquecerei desse dia: 8 de setembro de 2015, aniversário de sessenta anos da minha mãe. Estávamos no supermercado comprando guloseimas para um jantar de comemoração que eu havia prometido preparar. Andávamos juntos, eu, ela e meu pai. Separei-me deles para pegar uma caixa de leite quando meu celular tocou. Número não identificado.

— Plácido? — questionou uma voz misteriosa.

— Sim...

— Você acha que passou na última etapa do Passaporte SporTV?

Eu suava frio. Meus músculos estavam enrijecidos. Olhava para os lados tentando avistar meus pais.

— Acho que fui bem na última entrevista. Saí confiante...

— Então acertou. Você passou, seja bem-vindo ao SporTV!

Pouco me recordo do resto do discurso de anúncio. Estava muito nervoso. Desliguei e meu pai apareceu.

— Quem era?

— Eu passei, pai. — Então nos abraçamos. — Não conta para minha mãe, vou fazer surpresa durante o jantar.

Foram oito jovens jornalistas aprovados para o projeto que visava à cobertura dos primeiros Jogos Olímpicos realizados na América do Sul, no Rio de Janeiro, em agosto de 2016. Cada um com seu sotaque e perfil.

Passaríamos cinco meses em treinamento na capital fluminense para depois cairmos no mundo em busca de histórias ligadas ao esporte. Era bom demais para ser verdade. Mais uma vez, vinha a fórmula da vida em minha cabeça. Escolhas dão em novos caminhos, que resultam em ganhos e perdas. O projeto África com Montejano precisaria ser adiado. Ele entendeu, claro, e deixamos acertado que no futuro faríamos algum trabalho juntos.

Sete dos oito selecionados morariam no mesmo prédio durante a estadia no Rio. Isso por serem de outros estados. Paula Arantes, natural de Uberlândia, em Minas Gerais, era a única que já vivia na terra de Tom Jobim.

Meu companheiro de apartamento era o baixinho e carismático Matheus Guaresi, nascido e criado em Flores da Cunha, interior gaúcho. Henrique Arcoverde, o mais novo da turma, com 21 anos, vinha de Brasília e carregava uma marra que parecia fazer jus à capital do rock nacional. Comportamento que, já no segundo dia de convivência, daria lugar a uma boa amizade.

Jason Mathias nasceu em Campinas, rodou o interior paulista estudando e trabalhando, mas, quando questionado, afirma ser de São Paulo capital. Júlia Guimarães, outra mineira do grupo. Uma das mulheres mais apaixonadas por futebol que já conheci e a única do sexo feminino a me vencer no videogame até hoje. Vinícius Eulálio, capixaba de Guarapari, mostrou na primeira ida ao supermercado a característica que daria a ele o carinhoso apelido de "vó".

— Vocês só estão comprando comida. Não vão pegar produtos de limpeza? — perguntou perplexo, antes de emendar: — Já peguei vassoura.

E, por fim, o potiguar e grande cozinheiro Tulius Tsangaropolos, que adotaria o nome artístico de Tulius Marcius para a sequência do projeto.

Por falar no Rio Grande do Norte, o Natal se aproximava. A expectativa era de que todos viajassem para seus destinos logo após a virada do ano, e ansiávamos pela divulgação dos países que seriam a casa de cada integrante por aproximadamente sete meses.

Especulávamos os destinos. Cada um tinha seus palpites e argumentos. Recebemos um e-mail comunicando, enfim, a chegada do grande dia do anúncio. Fiquei tão ou mais nervoso do que em todas as etapas vencidas para estar ali. Desde a convicta golada do café da demissão até o embarque para o treinamento em solo carioca.

Numa sala de reunião, chefes dos departamentos de jornalismo e recursos humanos chamavam um a um. Todos os outros esperavam num corredor do prédio da Globosat, na Barra da Tijuca, onde se encontra a redação do SporTV. Fui um dos últimos a ser chamado.

Vinícius foi escolhido para ir a Cuba, tradicional país nas Olimpíadas. Jason, Rússia, potência olímpica e sede da Copa do Mundo de 2018. Matheus, Catar, país-sede do Mundial da Fifa de 2022. Júlia, Grécia, o berço dos Jogos Olímpicos. Tulius iria para a China, país importante tanto para o esporte quanto para a economia mundial. Henrique e Paula foram escolhidos para acompanhar a trajetória da tocha olímpica no Brasil: trezentas cidades em 97 dias, passando por todos os estados – a chance de conhecer todo o nosso país, honra de poucos brasileiros. Chegou minha vez.

— Estou bem nervoso — revelei, mostrando marcas de suor na camiseta e dando uma bola fora num momento tão importante.

— Relaxe, agora é para ficar tranquilo — pediu Marcelo França, então chefe da editoria internacional do canal.

— Sim, mas a curiosidade é grande. E aí, para onde eu vou?

Fábio Seixas, chefe de reportagem do SporTV e nosso tutor durante o treinamento, tomou a palavra:

— Você vai para a África, queremos você no Quênia.

Capítulo II
Uma terra, muitos povos

Vem brasileiro por aí

Este é um relato realista de uma experiência surreal. Mãos apertam fortemente volantes em todos os carros ao redor. O som estridente da buzina se mistura aos gritos de motoristas exaltados. Em toda direção, vejo automóveis aos montes se enfrentando numa batalha urbana por centímetros de pista para trafegar. Poucos – ou quase ninguém – respeitam os semáforos. Um guarda de trânsito coordena o fluxo.

Pedestres aproveitam o andar vagaroso dos veículos e se espremem entre eles para atravessarem a pista. Calçadas ficam vazias em comparação às ruas em alguns trechos do centro de Nairóbi, capital queniana. Muitos dos transeuntes vestem ternos largos de tons esverdeados e sem gravata. Outros vão de camisas de manga curta com os botões de cima abertos na altura do peito. As mulheres, em sua maioria, vestem longos vestidos, sendo que algumas delas possuem o cabelo envolto em véus.

Subo o olhar e vejo prédios altos. A maioria deve ter por volta de quinze, vinte andares. Nuvens preenchem o céu e deixam apenas pequenas manchas azuis entre elas.

Uma buzinada convoca novamente minha atenção para a altura dos olhos. O cenário parece ter um tom amarelado. Não sei ao certo a razão.

Em meio a tudo, avisto algo peculiar. Já ouvi falar deles, mas é a primeira vez que os vejo em "lata e osso". São os *matatus*. *Matatu* significa "três" em suaíli – idioma mais falado no Quênia e em boa parte da África Oriental – e também é o nome dado aos ônibus por aqui. Eles são diferentes de qualquer outro veículo de transporte público mundo afora. Dizem que o nome foi dado devido à tarifa de três centavos cobrada no passado. Outros juram de pé junto que os primeiros matatus tinham fileiras de três bancos. Daí o nome.

O design é extravagante e colorido. As latarias são cheias de adesivos e grafites que, juntos, formam uma explosão de informações. Os rostos de rappers famosos se unem a símbolos de clubes de futebol que, por sua vez, sobrepõem-se a frases dos mais variados gêneros. As pinturas são preparadas sem um critério lógico aparente – ao menos para um forasteiro recém-chegado. Um verdadeiro arco-íris de identidade originalmente queniana.

As portas dos matatus ficam abertas o tempo todo, mesmo quando eles estão em movimento, e os cobradores brincam de equilibristas, fazendo força com uma das mãos para não caírem e beijarem o asfalto. É possível ouvir a distância a música alta que ecoa de dentro dos veículos. Ao som das buzinas e dos gritos de motoristas impacientes ainda se somam convites feitos em altos decibéis:

— Beba, beba! — ofertam os cobradores. Nada de sugerir a ingestão de líquidos para os pedestres: *beba* quer dizer "venha" em suaíli.

As ilustrações feitas nos veículos coletivos são a prova de que o país ao leste da África idolatra personagens estrangeiros. Enquanto um ônibus cor-de-rosa exibe o rosto da cantora norte-americana Taylor Swift, outro homenageia o narcotraficante mais famoso da História: o colombiano Pablo Escobar. O misticismo acerca do homem morto em 1993 atravessou os anos, barreiras geográficas e hoje, quem diria, diverte passageiros no Quênia.

— As pessoas gostam dos desenhos. Atrai clientes — explica o taxista, enquanto me leva para o aeroporto Jomo Kenyatta, o principal da África Oriental e que foi inaugurado no dia 1º de maio de 1958.

O motorista é um queniano de aparência arredondada, olhos grandes e sorriso fácil. Sua figura foge completamente à imagem típica de quenianos esguios e de pernas compridas. Willice Moemi é baixinho e ostenta uma avantajada barriga. Seu táxi fica estacionado todos os dias dentro do condomínio onde vivo, e fechamos, logo em meu terceiro dia de África, um preço fixo para corridas.

Não foi ele quem me buscou quando cheguei ao aeroporto para o qual nos dirigimos agora. Foi num sábado, semanas antes, que desembarquei no local de estrutura simples e, após passar pelos procedimentos de entrada no país, avistei um homem que segurava alto uma placa com meu nome. A vista estava cansada. Era grande o sono proveniente de longas quinze horas de voo, com escala em Joanesburgo, e de boas goladas de vinho tinto sul-africano servido a bordo da aeronave. O dono da placa era Henry, taxista que também tem como ponto de parada o residencial onde moro. Marcamos de nos encontrar dois dias depois para uma volta pela cidade, e ele não apareceu no horário marcado.

— Não tem problema, pode sair com o Willice — ofereceu a recepcionista de lábios carnudos, Diana.

Nairóbi é uma cidade diferente de todas que já vi. Confusão, barulho, contrastes sociais e arquitetônicos. Um caos urbano aparentemente natural para os seus mais de três milhões de habitantes. Fundada em 1899, a capital queniana é tão singular que possui o único parque de vida selvagem em uma grande cidade no mundo: o Parque Nacional de Nairóbi. Criado em 1946, o local reúne animais como leões, girafas e elefantes. Os últimos, aliás, possuem um orfanato só para eles, onde é possível "adotar" um animal ainda bebê e contribuir financeiramente todo mês para que o afilhado tenha uma boa vida.

Willice está me levando ao aeroporto Jomo Kenyatta devido à chegada de outro brasileiro a Nairóbi. Zé Maria, ex-lateral direito e agora treinador de futebol, vem para acertar um contrato de dois anos com o time quinze vezes campeão nacional: Gor Mahia.

A notícia foi destaque por aqui nos últimos dias. Os cadernos de esporte trazem com euforia a informação de que um futebolista da terra que inventou o jeito "samba" de jogar agora chega ao país conhecido pelos resultados no atletismo.

Zé Maria teve uma carreira de sucesso. Nascido em Oeiras, no interior do Piauí, apareceu para o mundo em 1991, atuando pela Portuguesa de Desportos. Fez parte da grande geração da Lusa que contava com Dener – falecido em trágico acidente de carro em 1993 – e Zé Roberto, entre outros bons jogadores. Como lateral direito, rodou por grandes clubes brasileiros como Flamengo, Palmeiras e Vasco. Vestiu 46 vezes a camisa da seleção brasileira, pela qual conquistou uma medalha de bronze na Olimpíada de Atlanta, em 1996.

Na Europa, encontrou na Itália sua segunda casa. Jogou no Parma, na Internazionale e no Perugia. Ainda teve passagem discreta pelo espanhol Levante e pendurou as chuteiras onde tudo começou, no Canindé, atuando pela Portuguesa.

Depois disso, resolveu ser treinador. Fez um curso especializado na UEFA (União das Federações Europeias de Futebol) e estágios com dois treinadores consagrados: o italiano Carlo Ancelotti e o português José Mourinho.

Treinou pequenos clubes na Itália e na Romênia até receber a proposta do Gor Mahia por intermédio de um amigo. Ao aceitar, tornou-se o primeiro brasileiro na História a comandar um clube no Quênia. Em 1988, outro brasileiro, Danilo Alves, foi técnico da seleção queniana de futebol. Contudo, a aventura durou apenas três jogos. Fato é que, falando especificamente de clubes de futebol, Zé Maria é o primeiro brasileiro por aqui.

Já Willice é um dos milhares de quenianos que ama o futebol e está entusiasmado para conhecer o ex-lateral direito.

— Ele é famoso no Brasil? — pergunta.

— Até que é... Mas só para quem gosta bastante de futebol. Duvido que minha mãe saiba quem ele é — respondo.

Chegamos ao aeroporto. Estacionamos o carro e vejo de longe a figura de Zé Maria. É bom conversar com um compatriota depois de algumas semanas sozinho. Um aperto de mão de boas-vindas e logo começa o assédio de Willice.

— Você já jogou com o Bebeto? Era meu apelido quando mais jovem. Diziam que eu jogava como ele — questiona em inglês o confiante queniano.

— Joguei com ele na seleção brasileira — responde Zé.

Preparo o tripé e passo a registrar o papo cheio de admiração. Durante todo o período do projeto Passaporte SporTV, estarei sozinho atuando como correspondente na África. A famosa equipe de um homem só. Responsável por todo o processo jornalístico para a produção de uma reportagem: ideia da pauta, produção, filmagem, entrevistas e edição. Da concepção à entrega.

No jornalismo, essa função acumulada leva o nome de vídeo-repórter e, numa época em que se espera multifuncionalidade dos jornalistas, dá para imaginar que este seja o futuro da profissão. É um desafio, mas permite certo cunho autoral ao resultado.

Percebo que algumas pessoas estão me olhando. Deve ser por causa da câmera, mas sinto que preciso ser discreto nas gravações. Zé Maria ainda está em pé, esperando a chegada dos dirigentes do clube.

— Eles estão atrasados. Você chegou primeiro — revela incomodado.

Para matar tempo, sentamos para tomar um café. Com 43 anos, o agora treinador do Gor Mahia é simpático. Não parece ter aquele jeitão boleiro cheio de marra. Ele parece desconhecer o país a que acabara de chegar e me pergunta qual idioma se fala por aqui.

— A população original do território em que hoje é o Quênia é formada por 42 tribos. Cada uma tem seu próprio dialeto, mas quase todos usam o suaíli como primeira língua. Mesmo assim, o inglês é o idioma oficial por causa da colonização – explico.

— Sério? Achei que só falavam inglês. Ouvi dizer que o trânsito é caótico.

— Hoje demorei mais de uma hora do centro até o aeroporto. É uma experiência, digamos, diferente... — alerto.

Passamos a analisar o momento político do Brasil. Dilma Rousseff está prestes a sofrer *impeachment* e o assunto tem sido frequente mundo afora, inclusive aqui. Até mesmo Willice resolve dar pitacos sobre o momento brasileiro. Já é quase hora do almoço e preciso gravar uma passagem – momento em que o repórter filma a si mesmo falando sobre certo tema da reportagem. Deixo os dois conversando e vou até o portão de desembarque internacional do aeroporto Jomo Kenyatta. Sinto que mais pessoas me olham desta vez. Ligo a câmera e o microfone. O céu está mais limpo e o calor aumenta. Enxugo minha testa e checo o áudio, quando percebo um soldado, que carrega um fuzil AK-47, aproximando-se.

— O que está fazendo? — questiona o fardado e mal-encarado homem.

— Sou um jornalista brasileiro e estou gravando uma reportagem sobre a chegada do novo treinador do Gor Mahia.

O semblante do oficial é pouquíssimo amistoso. Ele parece ignorar meus argumentos e diz que é proibido filmar no aeroporto.

— Você precisa me acompanhar até uma sala.

Tenho toda a documentação para trabalhar e deveria estar tranquilo. Mas me preocupa estar numa sala, agora com três oficiais, cercado por fuzis e olhares desconfiados.

O trio está reunido falando alto em suaíli. A sala é apertada. Dois estão em pé e um, que parece ser o chefe, fica sentado me olhando de cima a baixo.

De repente, os três param de me encarar. A conversa parece tomar um rumo mais exaltado. Discretamente eu consigo pegar a câmera e retiro o cartão de memória com as imagens e entrevistas que fiz há pouco com Zé Maria.

— Você pode ser preso. O que tem a nos oferecer?

— Não tenho nada. Tenho autorização para trabalhar, por favor... Não quero encrenca.

— E nós queremos algo. Você não pode chegar aqui e gravar no aeroporto.

Já se passaram vinte minutos desde a abordagem. Antes de desembarcar em Nairóbi, ouvi dizer que a propina é um hábito comum na relação entre autoridades e gringos.

Se lá fora da sala eu enxugava a testa de suor, agora a camisa toda está molhada.

Esgoto meus argumentos para convencê-los de que não tenho dinheiro comigo. Cansados, os soldados pedem que eu apague as imagens e suma da frente deles. Com o cartão de memória no bolso, mostro na câmera que não tenho imagens gravadas. Não me orgulho disso, mas para sobreviver jornalisticamente aqui já percebi que preciso ter certo jogo de cintura e perspicácia. Ao sair da sala, parece que pulei na piscina. Estou suado e com o aspecto cansado. Além do meu motorista, Zé Maria agora está acompanhado de um diretor do time que o contratou.

— Aconteceu alguma coisa? — pergunta o ex-jogador da seleção.

— Não, deu tudo certo, mas precisaremos ir — digo com um sorriso amarelo.

Nós nos despedimos e desejo boa sorte a ele. Ainda nos encontraríamos mais um bocado de vezes até o fim da minha jornada queniana.

Já estamos no carro nos encaminhando para a saída do aeroporto quando avisto dois veículos da imprensa local e alguns repórteres cinematográficos preparando-se para iniciar as gravações sobre a chegada de Zé Maria. Conto para Willice o recente susto e recebo um preocupante aviso:

— Isso só aconteceu porque você é estrangeiro. Acostume-se.

Um boi para chamar de seu

Pesquisadores afirmam que o Quênia é o berço de todos os povos. Registros históricos dão conta de que as primeiras ferramentas utilizadas por ancestrais humanos teriam surgido nesta região do mundo, há mais de três milhões de anos antes de Cristo. Uma única raça teria saído daqui para povoar o restante do globo. As diferenças étnicas, culturais e fisionômicas vieram como resultado da evolução ao longo dos séculos.

Escrever sobre a África é tarefa complicada. Reinam sobre o continente ideias generalistas, focadas em aspectos negativos. Não por acaso, comumente, muitos se referem aos cerca de 30 milhões de metros quadrados como sendo uma única nação. O pensamento raso e calcado em clichês é de que todo tipo de mazela é inerente aos 54 países que compõem o terceiro maior continente do planeta.

A realidade é mais complexa. O território continental é formado por incontáveis grupos étnicos – com culturas singulares –, que tiveram suas fronteiras determinadas por terceiros a partir do século XIX. É como se num belo dia alguém invadisse sua casa e iniciasse o seguinte diálogo:

— De hoje em diante, seu quarto pertence à casa ao lado.

— Mas e meus pertences? — rebateria o incrédulo invadido.

— Deixe-os para trás e junte-se a sua nova família: os vizinhos.

O momento-chave nesse processo se deu na Conferência de Berlim, realizada entre 15 de novembro de 1884 e 26 de fevereiro de 1885. Na série de encontros, participaram representantes de doze nações estrangeiras com interesses coloniais sobre a terra africana.

Organizada por Otto von Bismarck, considerado o mais importante estadista alemão daquele século, a conferência tratou de dividir a ocupação internacional, sem respeitar relações históricas, étnicas e familiares. Levou em conta apenas as vantagens econômicas ligadas aos interesses de Áustria-Hungria, Bélgica, Dinamarca, Espanha, Estados Unidos, França, Grã-Bretanha, Holanda, Império Otomano, Itália, Portugal e Suécia.

Observe o mapa africano na página ao lado.

Algumas fronteiras têm traços retos. Parecem ter sido feitas na régua, como é o caso do próprio Quênia, que possui fronteiras lineares com a Tanzânia, ao sul, e a Somália, ao leste. Nesse processo, rivalidades de etnias – além de diferenças culturais e linguísticas – foram desrespeitadas. Grupos foram obrigados a formar novas nações, administradas por brancos europeus.

No caso queniano, como dito anteriormente, 42 tribos viram-se obrigadas a conviver em harmonia do dia para a noite. O país possui um dos mais complexos cenários demográficos do continente. A população nacional é estimada em 46 milhões de habitantes, e este número se reparte percentualmente da seguinte forma entre grupos nativos e estrangeiros:

Kikuyu – 22%
Outros africanos (imigrantes e refugiados) – 15%
Luhya – 14%
Luo – 13%
Kalenjin – 12%
Kamba – 11%
Meru – 6%
Outras tribos – 6%
Não africanos (asiáticos, americanos, europeus e árabes) – 1%

Mapa político do continente africano.

Diariamente tenho recebido aulas informais, vindas dos mais variados professores, sobre a diversidade étnica do território queniano. De comerciantes a entrevistados, eles parecem gostar de esmiuçar os pormenores e as complexidades locais para um estrangeiro. O interesse aumenta quando digo que sou jornalista.

Outro dia mesmo, Willice buscou no fundo do porta-luvas do carro um pedaço de papel amassado e uma caneta sem tampa para escrever as principais tribos locais, colocando-as em ordem quantitativa crescente. Ele mesmo é da tribo Kisii, grupo com pouco mais de 2 milhões de pessoas em solo queniano. Quando tinha 20 anos, deixou a família em Kisumu, cidade a oeste do país e que margeia o lago Vitória – segundo maior de água doce do mundo – e se mudou para Nairóbi em busca de emprego. O velho roteiro do interiorano atrás de oportunidades na capital. No início, fez cursos específicos e conseguiu trabalho numa loja de assistência técnica para computadores. Com o tempo, viu que o transporte particular seria um ramo mais lucrativo, especialmente num lugar onde não se utiliza o aparelho que deu origem ao nome dos táxis. O taxímetro foi criado na Alemanha, no fim do século XIX, para calcular a taxa a ser cobrada do passageiro baseada na distância e no tempo de viagem. Em alemão, o nome do aparato é *taxameter* e, àquela época, os veículos eram chamados de *taxicabs* – misturando a alcunha do aparelho com *cabriolet*, carruagem em francês. Daí o nome "táxi". Aqui, no Quênia, não há nada disso. O preço é estipulado pelo motorista e barganhado pelo passageiro. O procedimento acontece no início da corrida e se repete ao final, quando o condutor tenta, mais uma vez, convencer você a pagar mais. Bom para os experientes taxistas, ruim para os novatos passageiros.

Hoje, Willice tem 34 anos e trabalha na área há quatro. Logo que nos conhecemos, ele me perguntou sobre a população brasileira: "Ainda se identificam por tribos?"; "Falam todos o mesmo idioma?". O questionamento tem sido repetido com frequência e vem das mais diversas pessoas. É grande o interesse deles pelo Brasil.E a reação dos curiosos costuma ser a mesma quando digo que as comunidades indígenas, que habitavam o território brasileiro antes da chegada dos portugueses, foram praticamente dizimadas e que falamos, de modo geral, apenas a língua deixada pelos colonizadores. As testas se franzem, os lábios se juntam formando um bico e os olhos se apertam. O espanto é grande.

Hoje é sexta-feira. Na janela, recebo a visita de um amigo que costuma aparecer com frequência: um passarinho de penas pretas e brancas, que se parece muito com um coleirinha, como chamamos a espécie no Brasil. Faz dias que ele surge pela manhã e começa a bicar o vidro da janela do meu quarto. O simpático colega tem uma das penas da cabeça erguida, quase um topete, e – no auge de minha sabedoria ornitológica – o reconheço.

Moro num condomínio de localização privilegiada: o Heri Heights. Situado a apenas um quilômetro da State House, casa do presidente queniano em exercício, Uhuru Kenyatta. Perto daqui também ficam os alojamentos da Universidade de Nairóbi, e é comum dar de cara com estudantes caminhando pelas ruas. Ruas, aliás, que são pouco iluminadas, como a que moro, a Kolobot Drive. Ela é estreita, sem saída e durante a noite imerge num breu total.

São quinze minutos de caminhada daqui até o centro, porém tenho me arriscado pouco a sair a pé. Minha pele é morena e, sob a luz solar, costuma tomar um tom bronzeado. Ou seja, de branco mesmo tenho dentes, parte dos olhos e, de uns tempos para cá, um número crescente de fios de cabelo. Mesmo assim, aqui sou considerado um branco de fazer inveja a Leonardo DiCaprio. Muitos me observam, alguns me abordam quando resolvo dar uma volta. Todos os olhares são curiosos. Devem se indagar de onde sou e o que faço aqui.

O horário do almoço se aproxima, e resolvo deixar meu casulo para caminhar até o Uhuru Park, maior área verde da capital Nairóbi. O nome do local é interessante, já que *uhuru*, em suaíli, quer dizer "liberdade". Lembre-se de que o presidente do Quênia se chama Uhuru, mas sobre política e ideias liberais – ou não – conversaremos mais para a frente.

A rua onde ficam os alojamentos universitários é perpendicular à minha casa. Longa, ela liga o centro à State House. Se faltam postes de iluminação, sobram árvores com copas cheias de folhas que deixam o trajeto bastante sombreado. Assim como em boa parte da cidade, as calçadas são malconservadas. Pedras grandes e médias se soltam do chão, já que muitas das passagens para pedestres estão quebradas ou mesmo nunca foram pavimentadas. Atravesso a rua e vejo um homem me fitar os olhos. Ele está sentado no chão ao lado de uma das entradas do Uhuru Park. Parece querer papo. Dito e feito.

— Olá, mora por aqui?

— Moro em Nairóbi, sim.

— Prazer, dou aula aqui na universidade. Faz o quê?

— Sou jornalista.

— Ótimo. Precisamos de jornalistas aqui no país para divulgar as falcatruas na política.

Passo a passo, ele segue ao meu lado. Procuro uma segunda entrada do parque para me despedir e tomar meu rumo. Ao meu lado esquerdo, estão prédios altos e modernos. Sinalizam o início da área central de Nairóbi. De repente, o suposto professor universitário pede dinheiro para que possa comprar uma cadeira de rodas para um aluno. Meus bolsos estão vazios, saí apenas para uma volta descompromissada.

Ao chegarmos a outro portão, ele pede desculpas pelo incômodo e se afasta na direção contrária.

O parque tem boa variedade de vegetação e possui uma grande lagoa. Como ainda não é fim de semana, não há muitas famílias espalhadas pelo local. Em compensação, sobram indivíduos deitados por todo lado. O gramado virou cama, a exemplo dos bancos que deveriam servir para grupos se sentarem.

Meus passos buscam o centro do parque e percebo que não existem lixeiras ao redor. Justamente por isso, há bastante lixo espalhado pelo local: de garrafas de plástico até guardanapos amassados. Um espaço rico em beleza e pouco cuidado.

O sol resolve mostrar que estou sendo seguido. Minha sombra ganha companhia e, ao mirar o solo, percebo a proximidade de um grupo. Caminham na mesma velocidade. São crianças, três garotos. Estendem a mão e pedem ajuda. Querem comer. Apontam com gestos. Reafirmo: meus bolsos estão vazios... Chega. Fim do passeio no parque. Pensativo, volto para casa. É hora de me preparar para a reportagem da tarde.

Há dias não como carne bovina. Os quenianos não a têm como base da rotina alimentar diária. Para eles, o alimento que nunca pode faltar é o *ugali*. São apenas dois ingredientes na receita: farinha de milho e água. Quando pronto, fica com um aspecto massudo, bem consistente e de cor opaca. Se comido sozinho, não tem gosto de nada – pelo menos para o paladar do brasileiro.

Rico em carboidratos e de baixo custo, o ugali é comido por dez a cada dez habitantes negros. Pertence à cultura de todas as 42 tribos. É uma espécie de arroz com feijão para os brasileiros e raramente é servido sem outros acompanhamentos. É comum comê-lo com legumes refogados – especialmente repolho – e, somente às vezes, carne. Frango e carneiro são bem populares.

Espalham-se por Nairóbi restaurantes do tipo fast-food, só que não é tão fácil encontrar as grandes redes internacionais. Aqui na capital, apenas Subway, Domino's e Pizza Hut se instalaram – o último engana forasteiros pelo gosto ruim. É mais provável avistar a trinca de ouro: Galito's, Chicken Inn e Pizza Inn. Normalmente, ficam um ao lado do outro. Estes, sim, facilmente encontrados em postos de gasolina e no centro, alimentam boa parte dos trabalhadores da capital durante a semana. Frango frito ou assado, batata frita, pizza com cara de industrial e o preço lá embaixo. Tentador para repórteres que andam para lá e para cá costumeiramente.

Sempre que a agenda permite, gosto de preparar minhas próprias refeições no apartamento. A maioria dos supermercados possui padrão internacional e é fácil encontrar ingredientes familiares ao gosto de um brasileiro. Além disso, legumes, verduras e frutas possuem frescor e qualidade impressionantes. O problema é o preço. Ao contrário do imaginário popular, o custo de vida em Nairóbi pode ser altíssimo. Compras semanais, nas grandes redes de varejo, para uma pessoa custam cerca de cem dólares. Já um prato executivo num restaurante, de médio para bom, gira em torno de quinze dólares.

Sobre os restaurantes, aliás, além das adaptações locais às marcas mundiais, também existem muitos bares que servem o tradicional *nyama choma*, como se chama o churrasco daqui.

De segunda a sexta, a região central fica repleta de pedestres e de um aroma de fumaça. A frente dos botecos exibe um pequeno espaço em que o homem responsável pelo preparo da carne se aperta entre as paredes com um facão na mão.

Normalmente, o dorso do boi fica pendurado em um gancho para exibição. Moscas cercam a peça. Não há refrigeração para as carnes nesse tipo de restaurante popular, que também é extremamente comum nas periferias. As porções podem ser individuais ou maiores para grupos.

— Frango ou boi? — pergunta o churrasqueiro.

— Vou de frango.

O homem agarra a ave depenada, a posiciona no balcão e desce-lhe o porrete com a faca. Tira pedações aleatórios, joga sal fino e, pouco sutilmente, os atira à grelha já aquecida pelo carvão em brasa. Observo que o procedimento é o mesmo quando a pedida é bovina. Nada de corte nobre. A regra é separar as fibras, seja lá onde e como for. Cortes internacionais, como filé-mignon, só se encontram em restaurantes mais caros, normalmente frequentados pela elite branca, estrangeira e apenas por uma minoria negra.

Desembarquei em Nairóbi em meio ao furacão da polêmica de casos de doping envolvendo atletas quenianos. Foram 43 casos registrados em apenas três anos, e a IAAF (Associação Internacional de Atletismo) está em cima das autoridades locais, cobrando soluções preventivas. Especula-se que o país possa ficar fora da disputa das Olimpíadas de 2016, no Rio de Janeiro.

A punição seria uma punhalada dolorosa numa nação que se orgulha das conquistas em corridas de média e longa distâncias. Em 2015, em competição realizada em Pequim, o país sagrou-se campeão mundial geral de atletismo pela primeira vez na História; assim, os holofotes internacionais viraram-se para cá.

Resultado? A Wada (Agência Mundial Antidoping) exigiu que o Quênia se adequasse às normas internacionais de controle à dopagem e estipulou prazos para que o governo regulamentasse uma lei nacional para proibir e punir a prática por aqui. O primeiro prazo expirava pouco antes da minha chegada ao Quênia e não foi cumprido.

Meses se passaram, sempre acompanhados das manchetes esportivas destacando o desleixo dos dirigentes daqui em garantir a participação do atletismo nacional na Rio 2016. Até que, em reunião no Canadá, a Wada sacramentou: o Quênia está fora dos critérios internacionais impostos pela entidade. Pânico geral pela possibilidade de suspensão de atletas, em sua quase totalidade, limpos. O sonho olímpico está ameaçado.

Tenho frequentado bastante a sede da Federação Nacional de Atletismo do Quênia. Desde a primeira semana, fiz questão de bater lá e conhecer um a um. Do porteiro ao presidente. Como correspondente, é essencial se fazer conhecer pelos locais. Contato é a chave da coisa, ou a "toca do tatu", como gosto de falar. É por intermédio deles que o trabalho jornalístico será facilitado e que, pessoalmente falando, não me sentirei sozinho em um país inóspito.

Para ajudar na missão, tenho aprendido um pouco de suaíli. Não a ponto de me gabar e sair falando pelos cotovelos, porém saudações e palavras básicas são importantes para me inserir na comunidade local. Bastante influenciada pelo árabe – fruto das relações comerciais que o leste africano manteve com o Oriente Médio durante séculos –, a língua é muito diferente do que estamos acostumados.

O inglês é o idioma oficial, contudo é o suaíli que está na boca do povo. Falar apenas a linguagem dos colonizadores é exibir que sou estrangeiro, e percebo narizes torcidos por causa disso. Melhor me esforçar ao máximo na língua predileta deles.

Ainda estamos na sexta-feira. Se pela manhã fui acordado pelo amistoso passarinho que bicava minha janela, agora à tarde preciso encarar diretores mal-humorados da Federação. Fecharei uma reportagem para o *SporTV News*, telejornal noturno de cunho mais noticioso do canal, sobre a decisão tomada pela Wada.

Willice, meu taxista e fiel escudeiro, estaciona no mesmo local de sempre. Em frente a uma grade, numa rua perpendicular à entrada da sede do atletismo queniano. Negociamos com o flanelinha, explicando que vou apenas descer rapidamente do carro. Ele autoriza a parada temporária. Ligarei para Willice me buscar assim que tiver terminado.

Entre árvores e um muro, ando sozinho cerca de cem metros até o portão de entrada. Chego cumprimentando a todos.

— *Mambo!* – saúdo, dizendo "olá" em suaíli.

— *Poa sana!* – responde o segurança, afirmando que está tudo beleza.

Já possuo certo ritual ao chegar aqui e, antes de mais nada, me dirijo ao restaurante. A Eunice, garçonete, sorri ao me ver. Peço o de sempre: chá com leite, o hábito britânico mais bem difundido por todo o território queniano.

Termino as entrevistas e gravações, então sento-me na sarjeta em frente ao prédio para esperar por Willice. O sol já está a meio plano. Um tom alaranjado ilumina a cidade. Um dos seguranças é novo no pedaço e me fita sem disfarçar. Aproxima-se vagarosamente... Parece ter vergonha.

— Isaac — diz ao estender a mão.

— Plácido — respondo, retribuindo o gesto.

A conversa engrena, apesar do inglês de difícil compreensão do meu novo amigo. Ele não sabe onde fica o Brasil e pede para ver o mapa do meu celular. Os olhos dele brilham ao descobrir o tamanho do país que sediará os Jogos Olímpicos em pouco tempo.

Chega uma mensagem de Willice avisando que já está perto. Pergunto para Isaac sobre o nyama choma, e ele confirma que não existe uma lógica para cortar a carne, independentemente do animal. Além do mais, o segurança desconhece que haja cortes definidos. Explico que algumas partes da carne são mais macias e que, em muitos lugares ao redor do mundo, até mesmo em alguns restaurantes daqui, elas levam nomes específicos e custam diferentes preços. Surpreso, ele segura meu ombro e propõe com ar de quem matou a charada:

— Por que não compra um boi aqui? Daí pode cortar do jeito que mais gosta — sugere, exibindo uma coleção de dentes recheada de pequeninos pontos escuros.

Próximo à sede da Federação há um bom supermercado. Já gravei tudo o que precisava para a reportagem de hoje e só resta a edição. Um menu legal para o jantar se mostra uma opção tentadora, e peço para Willice passar lá antes de seguir para casa.

Já no apartamento, descarrego as sacolas na sala e coloco uma música alta. Escuto de tudo, mas o rock tem sido a trilha sonora mais constante quando estou sozinho em casa. Abridor de garrafas na mão. *Tssss...* Cai a tampinha da cerveja. É o sinal para o início da edição da matéria. O horário máximo para o envio do material para o Brasil é duas da manhã – no relógio queniano –, e tenho trabalhado bastante ao longo das noites.

De estômago cheio e prestes a dormir, vejo o celular vibrar. Recebo um novo e-mail. É o pedido para gravação de um *stand up* – formato em que o repórter fala sobre um assunto como se estivesse ao vivo – a respeito da notícia do doping de hoje. O material será exibido no Brasil antes da reportagem que acabara de editar.

Água no rosto e pente no cabelo. Sai camiseta do pijama, entra camisa de botão. Fica shorts de dormir, claro, afinal o enquadramento só mostra da cintura para cima. Separo câmera, tripé, microfone e *sungun* – iluminação artificial utilizada nas gravações em locais escuros –, depois vou até o jardim do condomínio. Já passa da meia-noite e é preciso gravar rapidamente, já que as janelas dos outros apartamentos são coladas no "set de gravação noturno". A pressão e o cansaço contribuem, e as tentativas se dão um punhado de vezes. Pobres vizinhos.

O dia do mzungu

Senti na pele os efeitos da discriminação racial. Foi nas ruas do centro, quando gravava imagens gerais da cidade e fui abordado por um zangado homem de meia-idade.

— Pare de filmar! — gritava.

Não entendia a razão da cena. De repente, percebi que ele era motorista de um matatu e se incomodara com a filmagem de seu veículo. Argumentei, em tom amistoso, e ouvi a seguinte resposta:

— Você não é da minha cor. Como posso confiar em você? Saia daqui.

Aquilo me botou para refletir. Enquanto isso, os jornais nacionais estão à toda. Faltam poucos dias para a estreia de Zé Maria no comando do Gor Mahia, atual campeão queniano de futebol. Nas ruas, há um clima de empolgação. Acredita-se que o ex-lateral direito trará um pouco da ginga brasileira aos futebolistas quenianos. Muitos por aqui acreditam que o país será uma potência no futebol africano em alguns anos, prevendo até uma classificação para a Copa do Mundo no futuro.

O Gor Mahia Football Club ilustra bem como os esportes no Quênia são divididos, tradicionalmente, entre as 42 tribos nacionais. Fundado em 17 de fevereiro de 1968, em Nairóbi, o clube é representado majoritariamente por atletas da tribo Luo, grupo étnico presente no Quênia, ao leste de Uganda e norte da Tanzânia – ambos países fronteiriços da terra onde hoje vivo.

A equipe surgiu da fusão de dois clubes: o Luo United e o Luo Sports Club, também chamado de Luo Stars. O nome Gor Mahia foi dado em homenagem a um famoso médico homônimo que viveu na região de Homa Bay, oeste queniano, no século XIX.

Um parêntese importante: como contei há pouco, os Luos compõem o terceiro maior grupo étnico queniano e representam cerca de 13% da população nacional. Além disso, é a tribo de Barack Obama. Não o primeiro presidente negro da História dos Estados Unidos, mas o pai dele.

Obama foi selecionado em um programa para estudar no Havaí – onde conheceu Stanley Ann Dunham, com quem se casaria em 1961 e teria o filho de mesmo nome. Posteriormente, estudou economia na prestigiada Universidade de Harvard e, em

1964, voltou ao Quênia, onde foi um importante economista do governo federal.

Outra famosa descendente da tribo Luo é Lupita Nyong'o. A atriz, vencedora do Oscar de melhor atriz coadjuvante, em 2014, pela atuação em *12 anos de escravidão*, é filha de um casal da etnia. Ela nasceu na Cidade do México, durante período em que seus pais deixaram o Quênia para trabalhar no país latino-americano. Mas antes mesmo de completar um ano, Lupita embarcou junto com sua família para o Quênia. Assim, ela viveu em Nairóbi até os dezesseis anos, quando retornou ao México para estudar. Com dupla-cidadania, Lupita é a única queniana dona da estatueta mais desejada do cinema mundial.

Fim do parêntese e de volta ao Gor Mahia. Estou em contato com Zé Maria para produzir uma reportagem especial mostrando a adaptação do primeiro treinador brasileiro a comandar um clube no país. A ideia é gravar com ele pelo menos uma vez por semana ao longo do primeiro mês do ex-jogador em solo africano. Combino de acompanhar o último treino do time antes da estreia do novo técnico, em um amistoso contra o Posta Rangers, clube também da primeira divisão.

O campo tem grama sintética e a entrada para o treinamento é liberada para curiosos. Muitas crianças e alguns adultos ficam em pé no alambrado, espiando os comandos do "professor brasileiro".

— Estão aqui para ver o quê? — pergunto a um trio de meninos.

— Zé Maria... — responde timidamente um garoto de gorro vermelho que segura com a ponta dos dedos uma bola de futebol furada.

— Hum... E por quê?

— Porque o vejo na televisão.

Ao contrário do treino, a entrada para a partida de amanhã não é gratuita. O ingresso está à venda no portão do campo, e os preços são bem acessíveis: aproximadamente três reais para adultos e 1,50 para os mais jovens.

A partida está marcada para o meio da tarde. O palco é o mesmo do treinamento de ontem. Não há arquibancadas, e portanto foram colocadas algumas cadeiras de plástico em uma das beiradas do gramado, do lado de dentro do alambrado, para acomodar a torcida. Ainda falta quase uma hora para o início do duelo e o fluxo de pessoas já é grande.

O ponteiro avança só um pouco e pronto: o primeiro lote de cadeiras está lotado, e os organizadores trazem algumas mais. O restante dos presentes se amontoa do lado de fora da cerca. Vejo, a alguns metros de mim, um homem famoso entre os boleiros quenianos. Ouvi falar dele recentemente. Na boca do povo, seu nome é Jaro *Soldier*. Na certidão de nascimento, ele é Jared Otieno. O rapaz de tipo forte e alto é uma daquelas figuras folclóricas do futebol e vai a todo jogo do Gor Mahia fardado com apetrechos do clube. Daí o apelido de soldado.

— Agora mesmo falei com os jogadores e eles disseram que o Zé Maria é bom. Muito amigável. Esperamos o melhor, e os jogadores disseram que vão trabalhar junto com ele — afirma o bem-informado fã.

Zé Maria grita o tempo todo durante a partida. Parece querer entrar em campo. Começo a rodear a linha lateral, sempre olhando para o lado de fora, em busca de personagens que rendam uma boa entrevista. Uns percebem o microfone e berram para chamar atenção. Outros, mais inibidos, baixam a cabeça.

Sento no chão com um grupo e passamos a conversar. É grande a euforia dos meus colegas de ocasião. Um treinador brasileiro no comando do time deles e a cobertura do evento pela imprensa verde-amarela é motivo de orgulho. Eles não fazem questão de disfarçar o sentimento.

O apito final vem com 1 a 0 no placar para o time de Zé Maria. O jogo é sofrível. Meu olhar vasculha o local à procura de Jaro Soldier, para questioná-lo sobre a primeira impressão do novo comandante sul-americano.

Ao encontrá-lo, posiciono a câmera e começo a entrevista. Já é fim de tarde e um aglomerado de gente nos rodeia. De repente, sinto um toque no braço. E outro. E mais outro. Parecem acariciar minha pele, enquanto com a outra mão empunho o microfone. Espero o fim da resposta de Jaro para descobrir que diabos de cena é essa.

Um trio de meninos me observa e ri. O riso mescla timidez e curiosidade. A lua, que já se faz presente no céu, ilumina os imensos olhos castanho-escuros do garoto ao centro da turma e que assume certo protagonismo na situação. À esquerda, o sorriso de outro revela uma simpática janela dentária. À direita, o terceiro pressiona as pálpebras como numa tentativa de se tornar invisível a mim.

— *Mzungu, mzungu!*

O grito dura alguns segundos. Não entendo nada. Descalços, os três se viram e saem correndo na direção contrária. Arrumo meus equipamentos e sigo até o carro na companhia de Willice, que a essa altura já exerce o papel de amigo em minha rotina. Dentro do veículo, questiono o motorista sobre a cena recente.

— "Mzungu" é como nos referimos aos brancos. Ao pé da letra, a palavra quer dizer "andarilho sem rumo". Há dois séculos, quando os europeus chegaram nesta região, os brancos ficavam perdidos com facilidade e os nativos se dirigiam aos estrangeiros assim. Com o tempo, se espalhou para estrangeiros e brancos de modo geral — explica.

— E por que as crianças estavam me tocando?

— Geralmente as crianças em comunidades pobres têm pouco contato com pessoas brancas e, na infância, sentem curiosidade em saber como é uma pele mais clara.

Willice continua a aula dizendo que existem certos mitos em regiões onde o contato entre negros e brancos é raro. Alguns acreditam que os mais claros não sangram e que a textura da pele branca é diferente da pele negra.

A velocidade do carro em movimento ergue um rastro de poeira. Viro o pescoço para trás na tentativa de avistar novamente o campo de futebol. Ele já ficou pelo caminho.

Os quilômetros seguem, mas ainda sinto a energia das curiosas e espantadas crianças. Olhares intensos parecem me acompanhar...

Sobre propina e fantasmas

Abro as cortinas e ligo a TV em canais de notícia. Quase sempre na rede norte-americana CNN ou na britânica BBC. O dia, no meu nobre recinto, começa por volta das nove da manhã. O fuso em relação ao horário de Brasília é de seis horas a mais, e já percebi que preciso aproveitar o fato de estar "no futuro" para começar os afazeres diários calmamente.

Visto uma bermuda, calço um par de chinelos, saio do apartamento e caminho até a recepção do condomínio. Desde a primeira semana no Quênia, assino dois jornais nacionais: *Daily Nation* e *The Standard*. Toda manhã recebo os periódicos das mãos de recepcionistas, que sempre esbanjam alegria no breve encontro matinal.

Retorno ao meu QG. Estendo pela mesa da copa os cadernos esportivos, políticos e de notícias internacionais. Duas das quatro cadeiras servem de apoio para pilhas de jornais antigos que tenho guardado como acervo para pesquisas. Podem ser importantes para reportagens futuras.

O cheiro agradável vindo da cafeteira elétrica denuncia que a bebida está pronta. Sento e leio o máximo que consigo sobre os acontecimentos do dia até terminar de engolir todo o café da manhã, que aprecio de forma vagarosa.

Tenho passado boa parte do tempo livre sozinho no apartamento. É uma propriedade grande para uma só pessoa, cerca de oitenta metros quadrados. A porta de entrada dá para uma espaçosa sala de TV, com uma mesa central, que serve de apoio para livros, jornais velhos e um violão preto. O instrumento musical é decorado com um adesivo do FC St. Pauli, clube alemão de Hamburgo que ganhou notoriedade por pregar valores contra o nazismo e o racismo. O escudo ilustra bem o ideal punk rebelde do time fundado em 1910: uma caveira e dois ossos entrecruzados, quase uma bandeira pirata.

Ao lado da sala há a recém-citada copa, onde já se encontram os jornais do dia, uma moderna cozinha e o banheiro. Uma parede de vidro permite que se veja o quarto mesmo com sua porta fechada. Fonte de inspiração para pesadelos – para os medrosos, claro. A cama possui uma rede na parte superior, chamada de mosquiteiro, para proteger o dorminhoco dos pernilongos. Os temerosos diriam cuidar também dos maus agouros... A escrivaninha mira a comprida janela vertical que aponta para uma escadaria rodeada por plantas. Existe uma reserva florestal vizinha ao condomínio e que preenche minha visão por entre os vidros.

Ligo o chuveiro. Toca o celular. Willice avisa que logo chegará para irmos ao centro. Preciso comprar pilhas para os equipamentos de gravação, além de outros apetrechos como clipes de metal, que servirão para organizar os recibos de gastos. Mensalmente, precisamos encaminhar por e-mail uma planilha com a prestação de contas para o setor financeiro do canal, além de enviar os comprovantes por correio para a redação do SporTV, no Rio de Janeiro.

É necessário registrar toda despesa de cunho profissional para que se tenha uma nova verba no mês seguinte. Um caos para quem fazia reforço de matemática no ensino médio.

***

É quase meio-dia e o sol está a pino. Caminho a pé pelo centro, ao lado de Willice, quando três pessoas se aproximam. Dois homens e uma mulher. Eles chegam cumprimentando em suaíli.

Após alguns comentários no idioma local, finalmente se dirigem a mim em inglês. Dizem ser da polícia e pedem que eu mostre meu passaporte. Não estão fardados. Um deles retira do bolso uma carteirinha para comprovar que é policial.

— O que faz em nosso país? De onde é?

— Sou brasileiro. Vim a trabalho.

— Trabalha em quê?

— Sou repórter de uma emissora brasileira de esportes.

— Preciso ver seu passaporte — exige novamente, observado pela dupla de companheiros. — Agora — enfatiza.

Tento argumentar que acho estranha a situação. O trio se altera. Abro a mochila e retiro o passaporte. A mulher o arranca da minha mão.

— Siga-nos até a delegacia — afirma de maneira ríspida com meu passaporte sob sua tutela.

— O que está acontecendo? Devolva meu documento, por favor.

— Quer ser deportado? Você está no nosso país, cale-se! — repreende a irritada policial.

Meus músculos tremem. O inglês começa a falhar. Willice volta a conversar em suaíli com o trio. Todos caminham. Dizem ir para a delegacia. Preciso acompanhá-los. Meu passaporte está com eles.

Fui até a Embaixada Brasileira no Quênia logo que desembarquei em Nairóbi. A ideia da visita era me apresentar e explicar o objetivo do meu trabalho jornalístico por aqui. Descobri que sou o primeiro correspondente brasileiro em solo queniano. Quem me deu a notícia foi a diplomata carioca Clara Cerqueira, que me passou alguns contatos da Embaixada e se pôs à disposição em caso de qualquer emergência.

É uma emergência. Tento ganhar tempo. Ando lentamente. O trio conversa entre si. Eles seguem andando. Clara me deu um número. Ligo para ele. Logo sou atendido. O primeiro diplomata transfere a ligação. O segundo também. Atende Aline.

— Não vá atrás deles. Pode ser um golpe, já que não estão fardados — alerta a diplomata brasileira.

— O problema é que estão com meu passaporte.

— Tente recuperá-lo de alguma forma. Passe para um dos policiais, quero falar com ele.

Entrego o celular para um dos homens. Ele desliga na cara dela. Ligo novamente. Atende Aline. Mais uma vez.

— Estamos indo encontrar você. Sabe o endereço?

Por sorte, paramos de andar. Consigo entender onde estamos e repassar a localização para a Embaixada. Neste momento, Willice me cutuca discretamente e avisa que os policiais querem mil dólares para me liberarem sem maiores problemas. Caso contrário, serei algemado.

— Isso é um absurdo. Não farei nada até que a Embaixada do Brasil chegue. Como a policial disse, não sou daqui, justamente por isso devo seguir as instruções do meu país — afirmo.

Segundos depois, um deles muda de postura e me devolve o passaporte.

— Desta vez, deixaremos você ir. Na próxima, pode ser que vá preso, ouviu? — diz, estendendo a mão como se estivesse revendo um amigo das antigas. O trio sorri e logo se mistura à densa massa trabalhadora que percorre a área central de Nairóbi. Willice me observa sem falar nada. Aviso a Embaixada que tudo acabou e que estou, aparentemente, seguro.

A cena toda durou cerca de uma hora. Volto para o apartamento sem pilhas e clipes de metal, mas com muita dor de cabeça. Abro a porta do armário e agarro um comprimido de paracetamol.

Pela internet, explico o que acabara de acontecer para familiares, amigos e chefes no Brasil. A desconfiança de todos, a milhares de quilômetros de onde estou, é unânime: teria Willice armado um golpe para, posteriormente, dividir o dinheiro com os comparsas?

Sinto-me exposto. Ele tem me acompanhado diariamente em todas as gravações. Sabe minha rotina e é amigo de todos no condomínio em que moro. O ponto de táxi dele fica a poucos metros de onde durmo todas as noites.

Bebo um gole grande de cerveja para tentar me acalmar e ligo a TV num canal de filmes qualquer. Já está escuro. São nove da noite e escuto o barulho de grilos na silenciosa reserva florestal ao lado do apartamento.

Levanto, fecho as cortinas e me certifico se a porta da frente está trancada. Rodo, também, duas vezes a chave na porta do quarto. Abaixo o mosquiteiro e apago a luz. Não adianta, o sono não vem. Abro os olhos e lá está a parede de vidro. Toda transparente... Me encarando.

Explorando a ONU

A população queniana é jovem. Estima-se que mais de 40% dela possua no máximo quinze anos de idade. A média de filhos por mulher no Quênia é de três – em meados de 1970, eram oito.

Na segunda metade do século XX, era comum que quenianos aproveitassem o laço colonial e buscassem estudar no Reino Unido. Porém, como as regras de imigração britânicas são rígidas, jovens passaram a mirar bolsas universitárias, através dos esportes, nos Estados Unidos e no Canadá. Enquanto uns saíam, outros chegavam. A relativa estabilidade política do Quênia, desde sua independência, em 1963, atraiu centenas de milhares de refugiados de países africanos em guerra civil.

Fundado em 1992, o campo de refugiados de Kakuma, no noroeste do país, é o maior do mundo. De acordo com a Organização das Nações Unidas, o local abriga quase 165 mil pessoas – a maioria vinda do Sudão, da Somália e do Congo. Esse é um dos motivos que fizeram do Quênia uma área estratégica no mapa geopolítico africano.

Até por isso – além de Nova York, Genebra e Viena –, Nairóbi possui uma das quatro sedes da ONU no planeta. O escritório foi criado em 1996 e está localizado no luxuoso bairro de Gigiri, onde estão diversas embaixadas, como a dos Estados Unidos da América e a brasileira.

A sede queniana das Nações Unidas é referência no quesito ambiental. Um dos prédios é o primeiro na África a ser totalmente sustentável na geração de energia solar, além de reutilizar toda a água consumida. O edifício também foi projetado para utilizar a corrente natural de ar como alternativa ao ar-condicionado.

A entidade movimenta Nairóbi. Anualmente, estudantes africanos de diversos países vêm até a capital queniana para discutir questões globais na Conferência Anual das Nações Unidas da África Oriental. Contudo, o principal e maior evento global sobre meio ambiente é realizado a cada dois anos: a Unea, ou Assembleia Mundial do Meio Ambiente.

Durante o projeto Passaporte SporTV, somos estimulados a todo momento, pelos mais experientes no canal, a pensar como jornalistas e não apenas como repórteres esportivos. O que isso quer dizer? Sugerir pautas gerais para outros veículos do Grupo Globo e ficar atento aos acontecimentos fora do universo esportivo.

A edição da Unea 2016 ocorrerá na semana que vem, e proponho a cobertura de ao menos um dos cinco dias para a GloboNews. Rapidamente, recebo de Marcelo França um e-mail de aprovação da reportagem. Será uma experiência diferente de tudo que tenho vivido. Menos emoção, mais diplomacia. Menos choque cultural, mais ternos e gravatas. Partiu estudar.

Representantes de 174 países confirmaram presença na segunda edição da assembleia. São cinco dias de seminários e reuniões diplomáticas para discutir a agenda ambiental para 2030, criada em 2015.

Clara Cerqueira, amiga e diplomata brasileira, me ajuda a conseguir informações sobre credenciamento, e o procedimento ocorre tranquilamente. A cobertura para a GloboNews será feita apenas hoje, sexta-feira, o último dia da Unea-2 — nome oficial do evento. Bate um desespero na chegada à sede das Nações Unidas, ainda pela manhã. Para onde ir? Com quem falar? Simultaneamente, acontecem dezenas de reuniões sobre diversos temas ligados ao meio ambiente. Como definir qual o mais relevante?

Por WhatsApp, mando mensagem para Clara, porém ela está ocupada em um dos seminários. Não tem jeito, o desafio será solo. De tão organizada, a estrutura do local confunde. Além, é claro, dos incontáveis sotaques diferentes que ajudam a embaralhar a cabeça. Vários telões e monitores espalhados pelos corredores indicam a programação do dia e de seus respectivos auditórios. "Poluição nos oceanos... Me parece um bom tema", analiso.

Após alguns minutos de caminhada, encontro a sala onde já acontece o debate sobre o assunto. O local é apertado, e o ranger da porta ao abri-la chama a atenção de todos os diplomatas presentes. Eles me encaram com uma expressão séria. Abro a mochila e preparo o tripé para filmar alguns *takes*. De repente, sinto um cutucão no ombro.

— Senhor, você não pode filmar esta reunião — avisa uma funcionária da ONU.

Constrangido, peço desculpas e deixo a sala com os equipamentos em mãos. Outro funcionário se aproxima.

— Precisa de ajuda, senhor? — pergunta.

— Onde é a área da imprensa?

— É só seguir por este corredor e virar à direita, depois do banheiro. Lá, entenderá melhor a programação do dia — explica, percebendo que não faço a menor ideia do que fazer.

Encontro o espaço para os jornalistas. Há um farto bufê preparado para o café da manhã. Já sei. Para definir ao certo o plano do dia, é preciso estar bem alimentado.

— Um omelete, por favor — peço, enquanto encho uma xícara de café com leite.

Neste momento, troco mensagens com alguns colegas do projeto Passaporte SporTV e compartilho a agonia pessoal. Penso até em desistir. Todos, porém, incentivam a prosseguir na missão.

Já de estômago cheio – e acordado devido ao café –, dirijo-me a um homem loiro e magricela, que parece instruir os jornalistas.

— Bom dia. Este é o primeiro evento da ONU que cubro. Como são muitos debates ocorrendo ao mesmo tempo, estou confuso quanto ao que acompanhar. A reportagem é para o Brasil. Pode me ajudar? – admito.

— Fique tranquilo. Boa parte dos jornalistas que estão aqui também não é de experts no assunto. Em instantes, um de nossos diretores, Achim Steiner, concederá uma coletiva de imprensa. Prepare seu equipamento e encontre uma posição naquele auditório ali — explica, apontando o dedo para um espaço a alguns metros.

Achim Steiner é diretor-executivo do Programa das Nações Unidas para o Meio Ambiente (Pnuma). Nascido no Brasil, ele se mudou para a terra natal do pai, a Alemanha, quando tinha dez anos de idade. Posteriormente, estudou Economia, Filosofia e Política na Universidade de Oxford, na Inglaterra, e hoje exerce papel fundamental na luta por um mundo mais sustentável.

Homem de oratória tranquila, Achim parece dar uma aula para os repórteres. Seu discurso, em inglês, é claro e didático. A cada resposta, o brasileiro oferece um leque de pautas para todos os presentes e explica o que, de fato, está sendo discutido entre os embaixadores do mundo inteiro ao longo da semana.

Um dos dados é alarmante. Mais de 12 milhões de pessoas morrem todo ano vítimas da poluição. O número é 234 vezes maior do que o provocado por guerras. Ao término da coletiva, todos começam a conversar entre si. Ao meu lado, uma jornalista mexicana do canal Televisa pede para que eu tire uma foto dela ao lado do banner do evento. Após atender seu pedido, aproveito a deixa e peço o mesmo.

Em seguida, ela aborda um colega queniano:

— Olá, pode gravar uma mensagem de áudio em inglês no WhatsApp? É para um amigo meu. Quero mostrar como é bonito o sotaque de vocês — explica em tom admirado.

O repórter africano atende ao pedido da moça e ambos também resolvem tirar uma foto juntos.

A tensão particular do início do dia desaparece. Os sorrisos dos colegas de profissão, espalhados por cada canto do auditório, revelam um mesmo sentimento. Nos mais experientes até nos novatos, como eu, nota-se uma enorme satisfação por participar de um evento com tamanha importância global. Como tudo na vida, o segredo para reportar a assembleia é simples: respirar fundo, prestar atenção nos detalhes e se dedicar. Não tem como dar errado.

Entre luvas e luos

A fama dos quenianos mundo afora aumentou com as conquistas esportivas nacionais em meados de 1960. Glórias vindas dos velozes corredores daqui. Povo de célebres pernas e punhos poderosos.

Os resultados são amplamente inferiores ao atletismo, contudo o boxe é o único esporte a dar medalhas olímpicas ao Quênia fora das pistas. Das 86 medalhas conquistadas até a Olimpíada de Londres, em 2012, sete vieram da nobre arte, como é apelidada uma das mais populares modalidades de luta.

Foram cinco bronzes, uma prata e um ouro histórico nos Jogos de Seul, em 1988. O vencedor foi o meio-médio Robert Wangila, que, ao derrotar o francês Laurent Boudoani, tornava-se o primeiro boxeador da África subsaariana, fora da África do Sul, a ser campeão olímpico.

Nascido em 3 de setembro de 1967, Wangila iniciou a carreira profissional no boxe apenas em 1989 e é dono de uma história com um final singular. Em 1994, quando tinha apenas 26 anos, o queniano vivia em Las Vegas, nos Estados Unidos, e foi ali mesmo, na cidade mais populosa do estado de Nevada, que teve sua derradeira luta. O adversário era o norte-americano David Gonzales, e Wangila apanhou muito. Ferido, ele foi levado para o vestiário após ser nocauteado e lá entrou em coma. Sua morte foi anunciada 36 horas depois do incidente.

O falecimento precoce transformou Robert Wangila em uma lenda esportiva africana, e seu legado contribuiu para o aumento no número de boxeadores no Quênia.

Anda e para. Anda e para. Anda e para. Este é o mantra para quem dirige em fins de tarde nos arredores do estádio nacional Nyayo, no centro de Nairóbi. O trânsito na região é pesado devido à proximidade do local com a Mombasa Road, principal rota comercial do país, por ligar a capital à litorânea cidade de mesmo nome, 484 quilômetros distante.

— Liga para ele e avisa que em cinco minutos estaremos lá — alerta Willice.

O sujeito em questão é John Kameta, presidente da federação queniana de boxe, que será personagem de uma reportagem sobre as atuais condições da modalidade no país. Kameta vive, coincidentemente, em Mombaça e vem com frequência a Nairóbi para reuniões. "Deve sofrer com este aglomerado de automóveis durante o percurso", penso.

A reunião da vez, entre Kameta e outros dirigentes, foi nas dependências do estádio Nyayo, e ele avisa por telefone que já está livre, nos aguardando ao lado da entrada principal, entre um punhado de árvores.

Apenas vi seu rosto em imagens da internet, mas logo o reconheço e aceno.

— Peço desculpas pelo breve atraso, senhor Kameta.

— Fique tranquilo. Conheço o trânsito do meu país — comenta rindo e com um amigável tapa em meu ombro. — Onde quer fazer a entrevista?

Seguimos alguns metros adiante e começo a montar o tripé. O relógio marca sete da noite e percebo que é necessário o uso do sungun. De repente, escuto uma buzina. Um grito em português corta o ambiente:

— Estamos chegando!

Assustado, inclino o pescoço e vejo Zé Maria. O treinador do Gor Mahia vem em minha direção na garupa de uma moto e sem capacete.

— Por essa eu não esperava! De onde você surgiu, Zé?

— Peguei um *boda-boda* — nome dado aos mototáxis no Quênia — para furar o mar de carros lá fora. Era a única forma de chegar a tempo de treinar os meninos.

O treinamento do time começaria, ali mesmo no estádio, em alguns minutos. Após breve conversa com o amigo brasileiro, que sai correndo para o portão principal depois de dar uns trocados para o motoqueiro, é hora de entrevistar John Kameta. Ele trouxe dados interessantes sobre o segundo esporte mais importante do país, ao menos olimpicamente falando.

— Temos mais de 15 mil boxeadores ativos em um nível mais alto. Em condições mais baixas, são entre 40 e 50 mil. Então, podemos dizer que são cerca de 70 mil boxeadores atualmente no Quênia — revela.

Um entre essas dezenas de milhares é Rayton Okwiri. Ídolo da nova geração, o homem de expressão sisuda segue os passos do mito do passado. Assim como Robert Wangila, Okwiri luta no peso meio-médio e é o atual campeão africano da categoria, classificando-se para os Jogos Olímpicos do Rio.

Aos trinta anos, ele é outro queniano que encarou a Mombasa Road para chegar à capital. Em 2006, deixou a família em Mombaça ao passar num concurso para trabalhar como policial em um dos três grandes presídios de Nairóbi. Ele vive no alojamento da corporação, vizinho à penitenciária, e concilia a vida sob fardas com o esporte.

Foi através de um jornalista local que consegui o contato de John Kameta; com o presidente da federação, obtenho o número de Okwiri.

O boxeador atende de primeira e marcamos de gravar no dia seguinte uma sessão de treinos no bairro de Kaloleni.

Situada a leste do centro, Kaloleni é uma área simples, quase rural. A poeira das ruas de terra quase esconde as galinhas que, perigosamente, atravessam sem olhar para os lados.

Rayton Okwiri treina num salão público, junto de outros vinte policiais. A maioria não compete profissionalmente. Uma porta de madeira, com trinco enferrujado, guarda todas as luvas, sacos de boxe e acessórios para o treinamento dos amadores e do campeão africano. O cheiro de suor entorpece. A ventilação se dá apenas por meio de três pequenas janelas, bem no alto de uma das paredes e de duas portas – uma de entrada e outra que dá acesso a um quintal.

— Qual sua tribo, Okwiri? — questiono interessado.

— Sou misturado. Minha mãe é uma luo e meu pai é luhya.

— Existe alguma predominância étnica no boxe queniano?

— Na equipe nacional de boxe do Quênia são 70% luos e 30% kikuyos — responde.

Em pouco tempo, o piso esverdeado ganha pontos mais escuros. E eles vão aumentando rapidamente. São resultado das gotas de suor dos atletas, que, ignorando o forte calor, correm, pulam e desferem socos freneticamente, gerando uma harmoniosa melodia de ruídos.

— Acho que você vai querer filmar essa parte — avisa um dos dois treinadores que comandam a sessão.

A dupla deixa o restante dos boxeadores com uma série de exercícios e ruma para o quintal com Okwiri. Ele carrega um martelo de tamanho avantajado, ajeita o corpo e começa a bater repetidamente num pneu preso ao chão.

— É um bom exercício para aumentar a força dele — revela o técnico.

O movimento se repete, com pequenos intervalos, por quase vinte minutos. Já passa do meio-dia. Carrego um tripé, uma câmera e uma mochila com aproximadamente cinco quilos e já sinto o efeito do sol ardido que nos castiga. A disposição de Okwiri impressiona.

— Chega! Vamos lá para fora do salão — brada um dos dois treinadores.

Divididos em grupos, os vintes boxeadores se organizam e começam a correr pelas empoeiradas ruas. Agacho para filmar o rastro de poeira deixado por seus pés. Neste momento, três crianças se aproximam timidamente. Viro a lente da câmera para o trio. Uma menina batuca um pequeno tambor e cantarola uma canção de ritmo suave. Outro menino usa o indicador para desenhar algo na terra. A terceira criança apenas sorri e balança o pescoço ao ritmo da música cantada pela amiga. O momento lúdico só é interrompido pelo apito do treinador avisando que, após duas horas intensas, o treinamento acabou.

Dia desses, Clara Cerqueira, a diplomata que trabalha na embaixada brasileira em Nairóbi, sugeriu de marcarmos uma ida a um bar para conversar e relaxar um pouco.

— Meu noivo está aqui este mês e acho que vocês vão se dar bem — disse ela pelo WhatsApp.

Clara é natural do Rio de Janeiro e está no Quênia há oito meses. Antes disso, ela trabalhou na embaixada brasileira em Berlim por dois anos. Mulher de fala tranquila e amistosa, que afasta qualquer tipo de estereótipo sobre a sisudez que pode estar atrelada a uma função como a dela. O encontro está marcado para hoje num restaurante de *tapas*, especializado em petiscos espanhóis. Convido também outro casal de brasileiros apresentados a mim recentemente no Heri Heights, o condomínio em que moro. Semana passada, Willice ficou sabendo da existência deles e um dia me chamou na recepção segurando o aparelho de telefone:

— Pode falar na sua língua. Descobri o número do apartamento de uns brasileiros e liguei lá — afirmou ao entregar o telefone com um semblante orgulhoso.

O gorducho amigo tem esse hábito. Volta e meia faz ligações e me põe para falar. Outro dia mesmo, fez isso com o pai dele, James Moemi.

No condomínio, a ligação foi para os vizinhos Luiz Gustavo Sandrin e Larissa Bressan, ambos nascidos em Ribeirão Pires, no estado de São Paulo. "A comunidade brasileira está aumentando", vibrava comigo mesmo. O restaurante no qual jantaremos fica no shopping Westgate, um dos maiores centros comerciais da capital e que sofreu um atentado terrorista em 21 de setembro de 2013. Quatro homens do grupo extremista islâmico al-Shabaab entraram armados e dispararam friamente em direção aos pedestres que passeavam. Setenta e uma pessoas morreram, incluindo os terroristas. O ato foi declarado como uma resposta ao governo queniano que, na ocasião, instalara bases militares na Somália, país base do al-Shabaab. Por causa do episódio, o shopping conta atualmente com segurança reforçada. Uma empresa privada monitora detectores de metais nas entradas, semelhantes aos utilizados em aeroportos. Soldados do Exército desfilam pelos corredores portando longos fuzis e analisando todo visitante de cima a baixo.

Frequento o local numa média de três vezes por semana. É lá que faço compras e aproveito momentos de lazer no cinema, que divide a programação entre filmes americanos e indianos. O shopping Westgate está localizado no bairro de Westlands, considerado um dos mais boêmios da cidade e reduto de moradores de descendência indiana. Mesmo com o histórico violento, é um dos lugares mais agradáveis para passear em Nairóbi.

Encontro com Larissa e Luiz na recepção do condomínio e entramos no táxi. Já é noite de sexta-feira, e o restaurante de tapas está cheio, animado e repleto de estrangeiros. Contam-se nos dedos os visitantes negros. Logo vejo Clara. O futuro marido dela está ao lado. É Luiz Burlamaqui, historiador brasileiro que realiza um estudo sobre o período em que João Havelange presidiu a Fifa, a principal federação de futebol do mundo, entre 1974 e 1998.

A ideia do trabalho dele é analisar todo o contexto geopolítico durante o tempo em que o cartola chefiou a entidade. Clara acertou na previsão, e o papo com Luiz rende. Bom conversar em português, ainda mais sobre futebol e História. Em meio a goles, petiscos e risadas, Luiz diz que um repórter queniano do jornal *Daily Nation* foi até a embaixada brasileira recentemente. Escalado para cobrir os Jogos Olímpicos no Brasil em alguns meses, Roy Gachuhi – lê-se "Gatchurri" – estava buscando mais informações sobre o nosso país. Peço o contato de Roy e procuro o garçom.

— Por favor, mais cerveja para todos da mesa.

Com mais de quarenta anos de carreira, Roy Gachuhi é um dos mais experientes repórteres esportivos do Quênia. Atualmente, é um dos sócios da produtora audiovisual The Content House e tem uma coluna semanal no maior diário impresso do país, o *Daily Nation*.

— Evito vir para o centro por causa do trânsito. Perde-se muito tempo de vida — abre a conversa ao nos encontrarmos no Java House, principal rede de cafeterias do país, bem na área central de Nairóbi, na rua de nome simpático: Mama Ngina Street.

Roy aceitou meu convite para tomar café e conversar sobre pautas jornalísticas. Quenianas para mim e brasileiras para ele. Forasteiros da informação precisando um da ajuda do outro. Ele está animado para visitar a América do Sul, especialmente o Brasil. Quer saber sobre tudo: política, economia, hábitos, comida... Afinal, fará parte de um projeto em que a ideia será colher histórias fora do Parque Olímpico, mostrando como o brasileiro menos afortunado vê a Rio 2016.

Roy ama futebol e tem enorme fascínio pelo país dono da seleção que encantou o mundo no passado. Hoje é meu deadline para finalizar a reportagem sobre o boxe no Quênia e, de repente, a sorte resolve dar uma forcinha.

— Pela minha produtora, dirigi um documentário sobre a decadência do boxe por aqui nas últimas décadas. Se chama *The Last Fight* [A última luta]. Passei um ano visitando centros, entrevistando atletas e treinadores. Tudo para tentar entender por que paramos de produzir talentos.

É o depoimento que falta para fechar bem minha história. A cereja do bolo. Explico o cunho da reportagem, ele se interessa, pagamos a conta e vamos até a rua gravar a entrevista.

— Deixa eu lhe perguntar: você tem todos os documentos para trabalhar aqui? — questiona Roy.

— Tenho... Já passei por algumas situações, pode acreditar.

— Sem eles sua vida seria um inferno. Quando as pessoas veem um mzungu, logo querem se dar bem.

— Mas as crianças têm um olhar sincero. É interessante quando elas me abordam me chamando de mzungu.

— Sim, porque são inocentes. Já os adultos...

O despertador toca um punhado de vezes. Estou com calos nos dedos de tanto colocar o celular no modo soneca e adiar o despertar. É sábado, dia de acordar um pouco mais tarde. Ocorre que não é um sábado qualquer. O dia 4 de junho de 2016 vem acompanhado de uma notícia que tocaria o mundo todo: o falecimento de Muhammad Ali, aos 74 anos.

Mesmo com a diferença de fuso de seis horas a menos no Brasil, a caixa de entrada do e-mail do SporTV está cheia, com solicitações para que eu produza algum material daqui sobre a repercussão da morte dele no continente africano.

A África marcou a vida de Ali, e sua luta contra o racismo e pela igualdade de direitos para os negros marcou o continente africano. Milhares de pessoas por aqui passaram a enxergá-lo como uma referência, um ícone. Foi em 1974, no Zaire, atual República Democrática do Congo, que Cassius Clay – nome original de Muhammad Ali, antes de se converter ao islamismo – enfrentou o compatriota George Foreman na chamada "luta do século". Especula-se que o público presente tenha sido entre 60 mil e 100 mil espectadores. Os pesos-pesados disputaram oito rounds e, a dois segundos do fim, vieram o nocaute e a vitória para Ali. O duelo virou livro, peça de teatro e filme.

Hoje, os principais sites quenianos trazem manchetes anunciando que o falecimento do ídolo norte-americano uniu dois rivais políticos do Quênia. O atual presidente, Uhuru Kenyatta, transmitiu seus pesares pessoais à família de Ali. Já o principal rival, Raila Odinga, declarou que é encorajador ver que Ali viveu tempo suficiente para ver um presidente negro à frente dos Estados Unidos.

Quebro a cabeça. Como produzir algo interessante aqui em Nairóbi sobre a perda de Ali? Lembro de Roy Gachuhi e pego o celular.

Pode ser que ele, como estudioso do boxe, tenha alguma boa história a contar. Ao atender, Roy diz que está finalizando uma coluna especial que sairá no dia seguinte, domingo, no *Daily Nation* e topa me receber antes do pôr do sol. A aposta foi certeira, e o tema do artigo dele é justamente o legado da lenda americana para os quenianos e africanos em geral.

O repórter mora numa casa aconchegante, dentro de um pequeno condomínio fechado perto de Kibera, a maior favela africana. De um lado da porta de entrada, há um escritório cheio de livros e um computador. Do outro, uma sala de televisão com o aparelho sintonizado na CNN. O assunto não poderia ser outro: Muhammad Ali.

— O mundo todo está falando dele — comenta em tom melancólico.

A taça de vinho pela metade sobre a escrivaninha denuncia Roy. Ele deve estar em busca de inspiração para escrever sobre o ídolo.

— Não te ofereço uma taça, porque você ainda tem que aparecer na TV. Vou te preparar um caldo de cana com limão.

Como bom paulista do interior, fico em êxtase. Não fazia ideia de que os quenianos também tinham esse costume. E mais:

o jornalista me leva ao quintal onde possui uma máquina espremedora particular. Só depois dos adocicados goles da cana e do vinho, começamos a entrevista.

— Ali veio ao Quênia em 1980, a mando do então presidente americano Jimmy Carter, para convencer o país a boicotar os Jogos Olímpicos de Moscou, no mesmo ano. Seria uma represália ao fato de tropas soviéticas terem invadido o Afeganistão.

Com a fala já um pouco alterada pela bebida, ele garante que tirou uma foto com ele, mas a perdeu.

— A mão de Ali era gigante. Carter foi muito esperto! Para outros países, enviou diplomatas e políticos experientes... Para a África, mandou Muhammad Ali, um mito para nós.

Algo caiu no quintal. Um barulho interrompe o depoimento que está sendo gravado. Roy levanta bravo e encontra uma bola de futebol chutada por alguns meninos que brincam na casa vizinha. Ele a devolve por cima do muro e protesta:

— Estamos trabalhando, meninos!

O repórter volta a contar que o Quênia decidiu boicotar os Jogos Olímpicos de 1980, em boa parte por causa de um só homem. Símbolo de uma única raça. De um sentimento coletivo.

— Eu lhe digo... Ninguém, incluindo eu mesmo, pode culpar Ali por aquilo. Mesmo que tenhamos sofrido uma grande perda esportiva.

A cortina entreaberta permite que um risco alaranjado do sol poente trace um curioso desenho na parede do escritório. Ainda tenho a câmera ligada quando Roy pergunta se quero ouvir o último parágrafo da coluna que se tornará pública apenas no dia seguinte. Eu, claro, aceito.

— "Ele agora pertence ao tempo. E deixa suas memórias que transformaram a humanidade e nos fizeram felizes. Sua passagem pelos portões do céu é verdadeiramente merecida."

Capítulo III
Influência britânica em uma terra africana

Sementes cultivadas

Acredita-se que o chá tenha sido criado na China há cerca de 2.400 anos. A cultura de misturar água fervente a diferentes tipos de ervas se espalhou vagarosamente por todo o Oriente e chegou à Europa por volta do século XV.

O enorme espaço de tempo entre a criação da bebida até sua chegada ao Reino Unido parece ter incendiado uma paixão sem caminho de volta. Rapidamente, os goles quentes caíram no gosto dos britânicos. Estima-se que um inglês beba cerca de quatro xícaras de chá por dia, entre elas, aquela tradicional e pontual ao fim de cada tarde.

Como resultado do interesse coletivo pelo chá, a Inglaterra se tornou a maior importadora de chá do mundo e repassou o costume para seus colonizados. Nos Estados Unidos, por exemplo, a importação da segunda bebida mais popular no mundo – só perde para a água – cresceu mais de 400% desde 1990.

Tais números são levantados por institutos de pesquisa internacionais, capazes de analisar as tendências mercadológicas globais. Impossível é quantificar as garrafas térmicas disseminadas Quênia adentro. Garrafas, em sua quase totalidade, cheias de uma combinação tipicamente inglesa: chá com leite. Visitar uma família queniana é ter a certeza de que a bebida será oferecida como forma de hospitalidade.

A preparação merece destaque. Aqui, eles derramam o leite em uma panela e acrescentam diretamente algumas colheres de chá em pó para que a erva se misture ao líquido no processo de fervura. A coloração e o sabor ficam realçados. O aroma dispersa-se rapidamente em uma espessa fumaça.

Mais do que um traço cultural, o chá é elemento fundamental na economia queniana. O país africano é o terceiro maior exportador do mundo, ficando atrás somente de Índia, outra antiga colônia britânica, e China, pátria-mãe da bebida e líder mundial na produção.

O Quênia produz uma média anual de 303 toneladas de chá e, ao contrário das demais nações produtoras, o plantio está concentrado em pequenas propriedades com menos de 4 mil metros quadrados. Os principais agricultores nacionais estão no vale do Rift, região central do país, onde a temperatura é amena e dificilmente supera os 25 graus. Se as áreas férteis nacionais são divididas em pequenas porções, em Nairóbi existe uma enorme região de terra improdutiva e castigada pela falta de saneamento.

No idioma núbio, povo que no passado habitou o sul do Egito e norte do Sudão, o termo "floresta" leva o nome de *kibera*. A kibera queniana pouco floresce. Área preenchida pela miséria, é considerada por muitos como a maior favela do planeta. E é justamente naquele gigantesco amontoado de pessoas que a herança inglesa no Quênia é mais nitidamente percebida.

O computador está ligado há algumas horas. Tento encontrar uma história boa o suficiente para compor o enredo de uma reportagem especial que foi pedida a todos os repórteres do projeto Passaporte SporTV. Saímos do Brasil já com a missão dada de produzir um material de apresentação do país em que estivéssemos. Carta branca para escolher o tema e o modo de contar.

Cheguei à África no dia da rodada de abertura da Kenyan Premier League, o campeonato queniano de futebol. O nome faz uma clara alusão à Premier League original, o Campeonato Inglês, torneio nacional de maior prestígio e visibilidade no mundo inteiro.

Horas depois de o avião que me trouxe do Brasil pousar, Henry, o taxista que me buscou no aeroporto, sintonizou uma rádio na língua inglesa que noticiava os destaques de cada clube do Quênia para o início de temporada.

— Todos aqui amam o futebol, especialmente o da Inglaterra — revelou na ocasião.

Futebol... Chá... O idioma. São duas as línguas oficiais da República do Quênia: o suaíli e o inglês. Claramente, os colonizadores deixaram marcas no modo queniano de viver.

Voltemos rapidamente ao século XIX. Na Conferência de Berlim de 1885, em que foram definidas as áreas africanas sob influência europeia, o território que hoje corresponde ao Quênia foi entregue ao Reino Unido. Logo, o domínio se juntou ao regime de monopólio da Companhia Imperial da África Oriental Britânica.

O controle administrativo da área teve início, de fato, em 1888. As décadas seguintes trouxeram o avanço ferroviário para facilitar o transporte de cargas – minérios e produção agrícola, por exemplo – entre um país e outro. O crescimento demandava mais mão de obra e, portanto, os britânicos trouxeram trabalhadores vindos da Índia e, aos poucos, a população indiana esquentou o comércio nacional. Foi em 1920 que o então Protetorado da África Oriental foi transformado verdadeiramente em uma colônia. O novo país precisava de um nome.

Dentro das fronteiras estabelecidas, havia uma gigante montanha, cujo pico quase beija o céu a exatos 5.199 metros de altura: o monte Quênia. É a segunda maior montanha africana, perdendo apenas para o monte Kilimanjaro, com 5.895 metros, que pertence à Tanzânia. Assim, das alturas veio o nome da nova nação que surgia.

As áreas de elevadas altitudes do interior foram colonizadas por agricultores britânicos e outros europeus, que se tornaram ricos cultivando café e chá. Na década de 1930, quase 30 mil colonos brancos moravam no Quênia. Muitos deles com forte influência na política local, devido à contribuição para o fluxo econômico de mercado. As terras mais férteis foram monopolizadas pelos brancos.

Veio a Segunda Guerra Mundial (1938-1945) e foi a vez da mão de obra queniana ser útil aos interesses coloniais, no fornecimento de alimentos e soldados. O próprio Quênia foi campo de batalha entre forças Aliadas e tropas italianas, em 1940 e 1941, quando houve uma invasão italiana na colônia britânica. As cidades de Wajir, no nordeste, e Malindi, no litoral, sofreram bombardeios. Ao final da guerra, começaram as revoltas nacionais pró-independência. Sangue e instabilidade. O breve período de colonização britânica por aqui foi turbulento. Setenta e cinco anos recheados de duas guerras mundiais, concentração de terra e renda, exploração natural, além de inúmeros combates entre colonizados e colonizadores.

O estereótipo do povo miserável que corre e passa fome precisa ser quebrado. Os fins possuem inícios e meios.

É isso. A melhor maneira de apresentar o Quênia em uma única reportagem, ainda mais para um canal esportivo, é contando um pouco da herança colonial por aqui.

O computador prossegue ligado à espera das palavras certas no campo de busca. Digito: K-I-B-E-R-A. Penso. Continuo a teclar: F-O-O-T-B-A-L-L. Bingo! A resposta revela o Kibera Black Stars Football Club.

Apesar de simples, o site oficial do time é bastante organizado. A equipe chamada de "Estrelas Negras" surgiu em 1987 em meio às empoeiradas vielas de Kibera. A ideia inicial dos criadores era agrupar jovens estudantes da favela durante os períodos de férias escolares e, assim, não deixar que os meninos ficassem desocupados.

O projeto vingou. A comunidade percebeu que o futebol afastava a juventude das inúmeras tentações daquela pobre e enorme porção de terra. Em 1998, o time foi oficialmente registrado como uma associação esportiva e, em 2009, conseguiu patrocinadores para ingressar na liga nacional profissional. Hoje eles disputam a terceira divisão queniana e todos os jogadores ainda são moradores da favela.

Há quem diga que Kibera supera os 2 milhões de habitantes. O número oficial divulgado pela prefeitura de Nairóbi é de 250 mil pessoas, o que já representaria cerca de 8% da população da capital. Vinte dessas pessoas jogam pelo Kibera Black Stars.

Encontro quatro números de telefone para contato no site do time. Do outro lado da linha, atende um homem com um inglês carregado. Não parece ser daqui.

— Que maravilha! Precisamos que o mundo conheça o Black Stars. Será um prazer recebê-lo.

— Gostaria de entender melhor o projeto antes de gravar. Qual sua função no time? — pergunto.

— Sou, digamos, o gerente de marketing. Ligou para o número certo. Vamos tomar um café amanhã pela manhã e aí explico tudo a você — convida Jean-Michel Rousset.

Jean-Michel é francês – isso explica o sotaque. E o ponto de encontro será uma escola de idiomas no centro da cidade. Ando curioso para conhecer Kibera. Mesmo antes de vir para o Quênia, ouvi falar muito da comunidade e acredito ser fundamental conhecê-la de perto para começar a compreender melhor a realidade local.

Willice sabe disso desde o primeiro dia em que conversamos e já sugeriu que eu faça uma reportagem mostrando o tamanho dos barracos em que moram famílias inteiras por lá. Em sua maioria, são estruturas feitas com tábuas de madeira e placas de metal, em áreas com aproximadamente nove metros quadrados. A média de pessoas por barraco é de pelo menos quatro.

Sinto que o motorista está empolgado ao saber que conhecerei o local. Marcamos a hora da saída amanhã e, antes de dormir, assisto a vídeos e leio artigos sobre Kibera. As imagens de pobreza impressionam. Fecho os olhos e, como num filme, elas voltam a aparecer.

Ao sair do Brasil, fui alertado pelos chefes do SporTV que "toda aventura durante a viagem deveria ter um limite". Concordo com eles. Contudo, não posso deixar de mostrar a realidade daqui.

O encontro com Jean-Michel será fundamental para saber se há condições de filmar sozinho na favela.

Apago as luzes do quarto com um sentimento que mescla ansiedade e preocupação.

Estamos a poucos metros da escola de idiomas e Willice resolve parar numa espremida vaga de estacionamento entre dois compridos veículos. Ele pede que eu desça e vá ao encontro de Jean-Michel, liberando-me assim do jogo de paciência para manobrar o carro nos raros espaços livres encontrados na área central.

A maioria branca no local é nítida. Quase não há negros na escola. Pergunto na recepção pelo dirigente do Kibera Black Stars, e a secretária aponta para um homem, beirando os cinquenta anos, numa mesa ao fundo, próximo da lanchonete. De aparência despojada, camiseta larga e envolto por uma densa fumaça de cigarro, o francês abre um largo sorriso de dentes acinzentados e logo oferece uma cadeira.

Passados alguns minutos, Willice junta-se a nós e, por sugestão de Jean, escolhemos uma especialidade francesa para o almoço. Quer dizer, menos Willice, que escolhe uma tradicional pedida dos trabalhadores de Nairóbi para as refeições rápidas em meio ao expediente: frango assado e batata frita.

Jean explica que chegou ao Quênia há dois anos para trabalhar como professor de francês. Porém, havia dentro dele um ímpeto de colaborar socialmente com o povo local e logo lhe fora apresentado o Kibera Black Stars.

O francês revela não entender nada de futebol.

— Não torço para nenhum time na França, mas percebi que os quenianos amam o futebol deixado pelos ingleses. É uma oportunidade de mudar vidas — explica.

Ele quer me apresentar o melhor jogador da equipe, que será o personagem principal da reportagem. Além disso, recomenda que visitemos Kibera um dia antes de gravar, para que eu conheça o local primeiro. Terminamos o almoço, e Jean aceita ir conosco no carro.

A favela é gigante e os milhares de barracos com teto de metal despontam a vários quilômetros de distância devido ao relevo.

— Bem-vindo a Kibera — diz o francês ao acender outro cigarro e colocar o braço para fora da janela, mostrando estar à vontade no pedaço.

A principal avenida de acesso à comunidade reúne uma longa fileira de comerciantes à esquerda. Todos distribuídos em pequenos espaços, ao melhor estilo camelô. É um festival de calçados, roupas e todo tipo de bugigangas que você possa imaginar.

Uma cena se destaca em meio ao todo. Uma mulher, com o semblante triste, enrolada numa manta para se proteger da temperatura amena que faz na capital, senta-se ao lado de uma pilha de pares de tênis esportivos e atrás de vários repolhos recém-colhidos. Prova de que aqui não há especificidade na venda.

Com o celular, tiro uma foto do momento e, antes de postar, escrevo uma legenda, digamos... pseudopoética:

Um repolho ou um tênis maneiro?
a vida passa rápido, quase um resumo.
Gastamos tempo e saúde pra ter dinheiro
e assim bancar nossos bens de consumo.

Perto dali, está a lojinha de Edgar Odhiamba. Edi, como prefere ser chamado, tem vinte anos e há dois deixou de morar com os pais. Ele vive sozinho num barraco com cerca de nove metros quadrados. Para ganhar a vida, o jovem divide seu tempo entre o comércio e os gramados, onde atua como centroavante.

— O Black Stars me dá um pequeno auxílio financeiro após os treinos. Sou atacante e meu maior ídolo é o brasileiro Romário — afirma todo sorridente.

Após alguns minutos de bem-humorada conversa, Edi junta-se a nós no carro e seguimos até o campo onde amanhã o time de Kibera fará um amistoso contra o Igan Football Club, da quarta divisão nacional. O jogo será às oito da manhã, e minha ideia é chegar à casa do atacante por volta de seis e meia para filmar onde ele vive e registrar seu trajeto até a partida.

Com tudo acertado e um cenário nada hostil encontrado em Kibera, despeço-me e sigo para casa, louco para ligar para meus pais e contar sobre o primeiro contato com a maior favela da África.

A manhã nasce fria. O termômetro marca catorze graus logo que o sol se levanta, às cinco e meia. Não escondo a animação diante de um Willice que chega para me buscar ainda com a cara fechada de sono.

Na chegada à favela, nos deparamos com um incrível número de pessoas caminhando até pontos de matatus, na entrada de Kibera. São trabalhadores indo atrás de uma vida melhor.

Ontem aprendemos a rota até a casa de Edi, e o caminho até lá é marcado por canais de esgoto correndo a céu aberto. Arrisco dizer que, a cada cem metros, há uma grande quantidade de lixo acumulada, num coletivo de pequenos lixões. Conto pelo menos três animais mortos em meio ao descarte irregular.

Peço que Willice me deixe próximo ao endereço do jovem atacante e siga de carro até o campo da partida. Encontrarei com ele mais tarde, já que pretendo ir a pé com Edgar até lá.

— Tenha cuidado — recomenda o motorista antes de partir.

Para chegar ao barraco onde Edi vive, é preciso entrar numa viela e virar à direita no primeiro corredor de casinhas. O cheiro é desagradável e forte. Carregando o tripé e uma mochila, desvio das roupas penduradas em varais improvisados e chego até o destino.

— Edgar! Bom dia, é o Plácido... — anuncio ao bater na porta de madeira.

— Bom dia, amigo! Já vou abrir.

O ranger da maçaneta girando vem acompanhado de um sorriso com os olhos ainda semiabertos do garoto. Ele pede para que eu sente no pequeno sofá, tirando algumas coisas que estavam jogadas sobre ele. Percebo que há uma pessoa dormindo na cama, embaixo dos lençóis.

— É sua namorada? Desculpa! Se me falasse, eu não vinha — digo envergonhado.

— Não se preocupe. É meu amigo Sylvester, lateral esquerdo do time. Ele trabalhou como garçom até de madrugada e dormiu aqui para não perder a hora do jogo — comenta rindo.

Ainda encolhido na cama, Sylvester também ri.

— Vou buscar algo para comermos e preparar o café da manhã — diz Edgar.

Fico numa sinuca de bico. Não quero ser rude, mas a falta de higiene do local me preocupa. Também não tenho fome. Explico que já comi antes de sair de casa, porém ele insiste. Sinto que será desconfortável negar e aceito a gentileza.

Minutos depois, o atacante do Black Stars volta com um saco plástico contendo três bolinhos – parecem com os de chuva brasileiros – e uma garrafa térmica de chá com leite.

— Busquei numa lojinha aqui perto, que abre cedinho para atender aos trabalhadores da favela — explica.

O bolinho é sem gosto, mas macio. A conversa flui. Falamos sobre a rotina em Kibera, futebol e jornalismo – eles ficam curiosos ao verem a câmera. Logo a dupla definitivamente fica à vontade comigo. A refeição matinal foi essencial para isso.

Seguimos andando por aproximadamente dez minutos até o palco do confronto. Na beira do gramado, apenas alguns curiosos. Nada de torcida. Após noventa minutos de muita correria e apenas um gol – marcado pelo fã de Romário, Edgar –, o Kibera Black Stars vence o Igan por 1 a 0. O apito final dá início a um profundo silêncio e os dois times se unem no centro do campo para uma oração.

— O principal objetivo é chegar à primeira divisão nacional, mas também não é só o futebol. Preferimos que o Black Stars ajude a mudar toda a comunidade de Kibera — afirma Erick Ouma Okoth, treinador da equipe.

Sinto ter acertado a mão na reportagem de apresentação do país para o SporTV. Situado no leste africano, o Quênia tem uma bandeira que resume bem sua história. São faixas horizontais em quatro cores diferentes e um escudo centralizado que pertence aos masai, tribo guerreira queniana. A faixa negra faz referência à cor de pele da maioria da população local; o verde reverencia a natureza: o branco simboliza a paz; e o vermelho faz alusão ao sangue derramado durante a luta contra o Reino Unido pela independência. Época difícil, mas que deixou ao menos uma boa herança.

— Sou muito grato ao povo que inventou o futebol — crava o jovem queniano Edgar.

Carona para o litoral

Quando ainda vivia em Kisumu, Willice frequentava uma feira onde sempre comprava frutas na mesma barraca. Donas de um colorido sem igual, elas eram guardadas por duas pessoas que habitavam o pequeno espaço de vendas durante o horário comercial. Um homem alto, de forte aperto de mão, e uma jovem tímida, de aparência ingênua. Geralmente ela se escondia dos clientes atrás da figura paterna. Mesmo assim, Willice a viu. Foram meses de um comedido flerte. Um dia, ele voltou ao local com a desculpa de comprar bananas e, para sua surpresa, a barraca havia sido desfeita. Nada. Nenhum mero rastro da comerciante que o estremecera.

Anos se passaram. Willice mudou-se para Nairóbi, para estudar e buscar uma vida mais rentável. O trajeto entre sua casa e a escola técnica de informática era feito num único matatu. Impressionado com o tamanho da capital, o jovem queniano não tirava os olhos da empoeirada janela. Estava em busca de detalhes, lugares e, de repente, a encontrou. A filha do comerciante estava atravessando a rua.

— Pare o matatu! — gritou para o motorista, antes de saltar desesperadamente do veículo.

O pai dela não estava mais por perto e, finalmente, Willice pôde se apresentar. Ela, aliás, tinha nome: Risper. Risper poderia ter se assustado com o encontro, contudo se encantou com o inesperado. Marcaram um encontro. Namoraram. Casaram. Compraram uma casa e tiveram um filho: Lionel Moemi. O nome incomum para um queniano foi homenagem à paixão futebolística do pai pelo craque argentino Lionel Messi.

— Ele se chama Lionel, mas não torce para o Barcelona. Acompanha o pai na torcida pelo Arsenal da Inglaterra — conta Willice, orgulhoso do filho, que agora tem sete anos de idade.

Risper, aliás, está grávida de sete meses. Ela nasceu e criou-se num pequeno povoado próximo a Kisumu e, apesar de ter se mudado para Nairóbi, o restante de sua família vive em Mombaça, no litoral do país. Esta informação, meu caro leitor, seria de extrema valia para uma das reportagens Quênia afora. Eu só não sabia disso ainda.

O Laureus World Sports Awards é considerado o Oscar do esporte. Criado em 1999 pela Founding Patrons Daimler and Richemont, é uma cerimônia anual que premia os melhores atletas, equipes e projetos esportivos ao redor do planeta. Uma das categorias do prêmio é a "Esporte para o bem", em que são destacadas iniciativas nas quais o esporte é usado para promover melhorias sociais e educacionais numa determinada comunidade.

Em 2016, o vencedor dessa categoria foi um projeto queniano sediado na cidade costeira de Kilifi, a 524 quilômetros de Nairóbi. A organização não governamental Moving the Goalposts ["Movendo as traves"] visa empoderar garotas por meio do futebol. O condado de Kilifi, formado por nove municípios, é uma das regiões mais miseráveis do mundo. Sessenta por cento dos quase 120 mil habitantes da cidade de Kilifi vivem abaixo da linha da pobreza. Cerca de dez mil pessoas são portadoras do vírus HIV. A principal causa é o sexo sem proteção, que também tem como resultado a alta taxa de gravidez na adolescência. A sociedade queniana, de maneira geral, ainda se baseia em valores machistas, em que o destino da mulher é majoritariamente o mesmo: engravidar, casar e cuidar do lar até o fim da vida.

Em 2001, a jornalista britânica Sarah Forde trabalhava para a BBC e viajou ao Quênia para produzir uma reportagem em Kilifi. A realidade local a impressionou, e Sarah resolveu agir. Percebendo a falta de perspectiva na vida feminina da região, ela decidiu ficar e criar a Moving the Goalposts. Através da bola mais popular deste mundo, a inglesa pretendia disseminar valores de liderança, educação sexual e palestras vocacionais.

Era e é possível sonhar mais.

Vindo da cabeça de uma mzungu, o projeto conta hoje com mais de 6.600 garotas, entre 9 e 25 anos. São 47 campos de futebol do projeto espalhados pelo condado.

Troco e-mails com o chefe da editoria internacional do SporTV – e, por consequência, meu chefe durante a viagem –, Marcelo França, sobre a possibilidade de viajar a Kilifi e contar todo esse enredo em uma reportagem especial. Jornalista dos bons, ele se anima com a ideia e aponta uma sugestão:

— A história é boa. Filme tudo o que puder.

***

Mesmo com a falta de recursos, Kilifi é um dos maiores destinos turísticos nacionais, devido à água azul-turquesa do oceano Índico que banha sua costa. Se faltam moradias dignas para boa parte dos moradores, sobram hotéis e resorts de frente para a praia com preços tentadores.

O custo da hospedagem praiana é praticamente o mesmo que num hotel no centro da cidade. Ficarei lá por três dias e, após pesquisar, consigo reserva em um conglomerado de chalés com vista privilegiada. As fotos na internet revelam que os quartos dão de cara para a areia. Passo a sonhar com pequenos grãos arenosos invadindo meus pés logo ao levantar da cama.

Pergunto a Willice sobre o custo da viagem de Nairóbi para lá, indo de carro pela Mombasa Road, e comparo a pedida ao custo do bilhete de avião. São oito horas por terra contra apenas uma pelos ares. Em contrapartida, atravessaremos a maior rota comercial do país, cruzando savanas, além da possibilidade de observar a fauna e a flora nativas.

O orçamento do parceiro de reportagens revela um custo mais baixo e fechamos um pacote para os próximos dias. Marco para deixarmos o condomínio onde moro no dia seguinte, às seis da manhã. Quero chegar a tempo de molhar o pé no Índico, acompanhado de uma gelada cerveja queniana.

***

Como combinado, Willice aguarda no estacionamento assim que o sol começa a se levantar. O trânsito ainda é calmo e logo deixamos a capital para rodar na estrada mais importante do Quênia. À medida que a claridade aumenta, a flora tipicamente africana começa a se revelar. Tortuosos galhos das retorcidas árvores tentam esconder a estrela-mãe que brota no horizonte. Não demora e avisto as primeiras zebras desde que cheguei à África. Mais alguns quilômetros e lá estão também camelos. Isso mesmo, camelos.

Meu plano de observar tudo e todos falha em menos de uma hora. Nem mesmo o cenário cinematográfico é suficiente para impedir o cochilo no banco macio do carro. Maldita preguiça, terrível engano.

— Acorda, Plácido. Vamos almoçar — avisa Willice.

— Almoçar? Mas acabamos de sair.

Não, na verdade já é meio-dia. Levanto o encosto e percebo que estamos parados num posto de gasolina à beira da estrada. O céu, antes cheio de cores, agora está totalmente azul.

Descemos e andamos rumo à lanchonete. Os vidros do balcão expõem outro quitute muito comum por estas bandas, o *samosa* – conhecido no Brasil como "chamuça" –, espécie de pastel triangular de origem indiana. Os recheios variam entre legumes, carne moída e frango. Definitivamente, o pastelzinho trazido pela outra colônia britânica é extremamente popular entre os quenianos e muito saboroso. O guardanapo amassado, que acaba de limpar a boca, indica que é hora de partir e seguir viagem.

Entramos no carro e lá vem o susto: apenas as marchas para a frente estão funcionando. O veículo de marca japonesa é automático, e a ré nos deixou na mão. Chamo meia dúzia de viajantes que descansam após o lanche para ajudarem a empurrar o carro para trás.

— Um, dois, três e... Vai! — coordeno os solícitos quenianos, enquanto Willice aguarda para acelerar.

E foi. Conseguimos ajeitar o carro numa posição que possibilita seguirmos viagem.

O asfalto impressiona positivamente. Liso, é um convite certeiro para o sono. Meu plano de observar tudo se mostrou utópico. Após breve reflexão, fecho novamente os olhos com um ligeiro sorriso de satisfação entre os lábios.

Não sei quanto tempo se passou desde que deixamos o posto, mas percebo que estamos mais uma vez parados. Acordo. A boa estrada deu lugar a uma via paralela de terra. Ao meu lado, a porta da direita – do motorista, de acordo com a mão inglesa – está aberta, e vejo Willice caminhando de um lado para o outro lá fora.

— Parou de funcionar o câmbio para a frente. Agora só de ré — lamenta.

O silêncio, que agora toma conta da situação, só é cortado pelo som acelerado dos veículos que ainda seguem viagem na pista principal ao lado.

Willice puxa o celular e passa a fazer ligações. Como todas as conversas são em suaíli, fico perdido.

— Está difícil achar ajuda... O mecânico mais próximo está em Mombaça — revela após alguns minutos.

— Algum plano de como chegar lá? Onde estamos?

— Faltam cerca de duas horas. Não temos escolha, senão pedir reboque e torcer para uma boa alma parar.

Saio do carro e passo a andar em círculos quando noto o céu todo cheio de nuvens negras. Olho para cima e a precisão de são Pedro é impecável. Uma gota cai exatamente em minha testa. Ela não vem sozinha. Em seguida, outras despencam aos montes. "Ufa, são gotas finas... Ah, não... Não... Não... Não pode ser", penso murchando a expressão.

A chuva engrossa.

Cogito correr para o carro, porém percebo que meu parceiro de enrascada está decidido a se molhar para chamar a atenção de algum caminhoneiro. A esta altura, a terra da pista já virou lama. De repente, um caminhão diminui a velocidade até encostar pouco à frente do nosso veículo. Acelero o passo e sinto o barro entrar no tênis. Chego até a porta para pedir ajuda ao motorista.

— Estamos com um problema e precisamos chegar a Mombaça. Consegue nos rebocar até lá, por favor? — peço com o semblante de quem ainda sonha encontrar o mar no dia de hoje.

— Claro!

— Não acredito... Obrigado!

— Só temos um problema, amigo. Não tenho cabo de aço. Precisamos pedir para outro veículo. Mas não tenho pressa e posso esperar aqui dentro.

Mais chuva. Mais gritos de ajuda e mãos para o alto. Outro caminhão desacelera e para. Desta vez, o viajante possui um cabo de aço e concorda em doá-lo, contanto que possa ir embora. Tem pressa e a tempestade amedronta.

Entro no carro e Willice se encarrega de conectar o caminhão à nossa barca quebrada.

— Pode ir — grita meu amigo ao sentar-se todo encharcado no banco do motorista.

O caminhão acelera e o nó cede na primeira tentativa. Resolvo ir junto com o caminhoneiro para aliviar o peso do carro e, assim, facilitar o reboque. A estratégia funciona após novo laço e, finalmente, estamos a caminho de Mombaça.

O motorista é Peter, que mal pisa no acelerador e já inicia uma prosa.

Ele é pai de quatro filhas. Elas têm catorze, doze, onze e dois anos. Quando descobre que sou repórter, o caminhoneiro se anima todo. Antes de casar, Peter sonhava ser jornalista ou soldado.

— Mas havia muita corrupção no Exército — revela.

O inglês dele é de difícil compreensão e não consigo entender algumas respostas como, por exemplo, qual carga ele estaria transportando.

— Quer aprender uma boa frase em suaíli? — questiona.

— Vá em frente.

— *Nataka bibi*. Quer dizer: "Eu quero uma esposa" — revela ao cair numa gargalhada.

— *Nataka bibi* — repito para fixar.

Ele, então, abre o porta-luvas e mostra o passaporte.

— Já viajei para vários países por causa do trabalho. Mas foi tudo aqui na África... Queria ir para fora. Aqui é difícil ter educação. Gostaria de ganhar dinheiro e dar um bom ensino para minhas filhas.

Após mais de uma hora de viagem, o trânsito fica intenso.

— Neste horário é difícil. Muitos caminhões chegam a Mombaça para descarregar e passar a noite — afirma Peter.

A chuva passou. Desço o vidro e ponho o braço esquerdo para fora do caminhão. O cheiro de terra molhada é delicioso. Cinco crianças caminham no acostamento da estrada com mochilas nas costas. O fim de tarde se aproxima, e elas devem estar voltando da escola. Devido ao congestionamento, passamos vagarosamente ao lado delas. Aceno, e o gesto é retribuído pelo quinteto, que ri alto.

Willice me liga e pede para que eu avise o caminhoneiro sobre nossa parada. Desceremos num posto de gasolina logo na entrada da cidade, onde um taxista e amigo dele estará nos esperando, e me levará para o hotel em Kilifi.

Já está escuro quando estacionamos e nada do taxista.

Aproveito a espera para carregar o celular em uma tomada do lado de fora da loja de conveniência. Cansado, sento na sarjeta. Um homem vem em minha direção.

— Você parece exausto, mzungu! Quer um cigarro para relaxar?

— Olha, vou aceitar — respondo e conto um pouco da nossa saga até chegarmos ao posto enquanto manuseio o isqueiro.

— Sabe... Tudo acontece por uma razão. Sua rota precisava passar por aqui.

O taxista chega e me despeço do desconhecido fumante, de Peter e de Willice, que passará os próximos três dias na casa do primo de Risper, esposa dele, em Mombaça. É o tempo suficiente para consertar o câmbio do carro e voltarmos a Nairóbi ao final das gravações sobre a ONG Moving the Goalposts, ou MTG, como eles a chamam por aqui.

Ao todo, passaram-se dezesseis horas de viagem até chegar ao hotel em Kilifi. O relógio marca meia-noite enquanto tiramos a bagagem do carro.

— Boa noite, senhor. Seja bem-vindo a Kilifi! — diz o recepcionista para, logo em seguida, oferecer não a sonhada cerveja, mas um copo gelado de suco de manga como cortesia.

As fotos na internet eram reais. O quarto do hotel é uma espécie de chalé a menos de dois metros da areia da praia. A água do Índico é cristalina e quase não se nota a interferência humana na área. Tudo muito limpo, com um ar selvagem na vegetação litorânea.

Gentilmente, o pessoal da MTG ofereceu que um funcionário deles me buscasse por volta de nove da manhã, para o início das gravações.

Ainda em Nairóbi, pedi para que as diretoras do projeto escolhessem uma garota, cuja vida tivesse sida tocada pelo futebol, para ser a personagem central da reportagem. Gostaria de acompanhar um pouco de sua rotina para mostrar, de forma mais clara, o impacto deles na região. Combinamos de filmar na casa da menina escolhida, na escola e, por fim, num jogo de bola. Também gravaria na sede da ONG, é claro.

O sol nasce cedo. Quem vem me buscar é Sammy, um dos poucos homens envolvidos na organização. Ele é um faz-tudo na Moving the Goalposts e será o motorista durante minha estadia em Kilifi. O carro que dirige é um Land Cruiser branco, daqueles clássicos veículos 4×4 que se vê em documentários sobre a savana africana.

Sammy revela que vamos direto para a escola encontrar a personagem escolhida: Rehema Baya, de treze anos, que há quatro entrou para a MTG e joga de centroavante. Ela vive e estuda em Kaloleni, pequena cidade a 36 quilômetros da sede da ONG.

Estradas de terra ligam os dois municípios, e a tração do carro é testada a todo momento para desviar de buracos e poças d'água. Enormes coqueiros margeiam a pista. São muitos! Nunca tinha visto algo assim. O conjunto de árvores de copa alta dá a sensação de estarmos cruzando uma floresta no sentido mais tropical da palavra.

A escola primária Chanagande fica logo depois da entrada de Kaloleni. Uma moça de cabelo curto e cintura larga nos espera no portão. Hellen também trabalha no projeto e nos convida para dar uma volta pelo local. Ela diz que posso filmar tudo.

Um fato causa estranhamento.

— Hellen, Rehema e as outras meninas estudam em outro prédio?

— Não. Estão todos misturados. É que aqui todos os alunos precisam raspar a cabeça, não se confunda!

A exigência é comum nas escolas públicas do Quênia. Umas defendem que é para uniformizar os alunos. Outras argumentam que a preocupação com o cabelo distrai as meninas. Atenta, Rehema senta sempre na primeira fileira.

— O progresso dela em matemática tem sido bom. Quando Rehema começou a jogar futebol, passou a tirar notas mais altas. Está mais fácil, porque o cérebro dela está muito fresco — afirma Karisa Kazungu, professor responsável por ensinar matemática e religião em Chanagande.

Entro no meio da aula ministrada por Karisa e me apresento aos cerca de trinta estudantes. Peço que esqueçam minha presença e, discretamente, ligo a câmera num canto da sala. Rehema não se deixa distrair pelas lentes. Minutos depois, saio de fininho e vou para o pátio, quando a diretora da escola vem em minha direção.

— Enquanto não acaba a aula da Rehema, que tal dar uma olhada na nossa sala para alunos especiais?

São oito alunos com deficiências e idades diferentes sob o mesmo espaço. Orgulhosa, a professora pede que eu entre e passa a explicar que o trabalho requer muito amor. Estamos em pé e o discurso é feito na frente de todos os estudantes, que nos observam curiosos.

Solicito que ela siga com a aula. Não vou usar essas imagens na reportagem, mas mesmo assim começo a filmar. Quero registrar o momento.

A lição do dia era revisar os números de um a dez em inglês. A professora diz *one* e, em seguida, os alunos repetem. Um deles sinaliza com a mão um número diferente do que é falado.

— Obrigado pela hospitalidade. Vou deixar vocês à vontade — agradeço.

— Você sempre será bem-vindo em Chanagande. É importante que o mundo saiba a dedicação que temos com as crianças daqui. Deem um tchau para nosso amigo brasileiro — pede aos estudantes.

Um sonoro *bye* ecoa pela sala.

O sinal toca e, se a aula termina, começa a pelada. Meninos e meninas correm atrás de uma bola improvisada em um campo imaginário. O jogo dura cerca de quinze minutos e, pouco a pouco, os estudantes começam a ir embora para casa.

Eles ainda precisam de energia para um exercício comum no país: voltar a pé. A casa de Rehema fica a cinco quilômetros da escola Chanagande e, cinco dias por semana, ela vai e volta na companhia da irmã mais nova. Ambas moram com mais quatro irmãos e os pais, numa casa de pau a pique.

Sammy, Hellen e eu acompanhamos a caminhada no dia de hoje. Filmo o percurso que segue agora por dentro da floresta de coqueiros. Há também uma vegetação rasteira que, mesmo baixa, tem tamanho suficiente para cobrir as sandálias e as saias das meninas.

Chegamos.

São cerca de cinco casas próximas umas das outras, formando assim uma pequena comunidade. Há, porém, espaço entre elas, permitindo que cada família tenha sua própria horta. Os pais de Rehema não falam inglês. Somos apresentados apenas gestualmente. Aperto firme a mão de ambos, e Sammy se encarrega de explicar em suaíli o motivo da visita com câmeras e microfones. O pai dela é pastor evangélico; a mãe, a encarregada de cuidar da casa e da plantação familiar.

Timidamente, a centroavante mirim me convida a entrar na casa. Ela passa a apresentar o local. As paredes são todas de barro. Não há sofás, televisores ou mesmo um fogão. São seis pequenas camas de solteiro e uma de casal. Uma espécie de sala armazena galões cheios d'água. Não há portas. Lençóis presos ao teto indicam o fim de um cômodo e o início de outro. O lugar é extremamente ventilado e fresco.

Sammy já separou duas cadeiras de plástico para gravarmos a entrevista do lado de fora da casa, e Hellen já nos espera para ser a tradutora de Rehema. Sentamos. Ela olha para os lados...

— Hoje você tem treze anos. O que quer ser quando crescer? — começo.

— Eu quero ser médica.

— Seu professor de matemática disse que o futebol ajudou você com os números...

— O futebol me ajuda nos estudos. Não sou mais ignorante e deixei de ser tímida. Também gosto de jogar porque acabo visitando vários lugares.

— Com qual número gosta de entrar em campo?

— Gosto do número nove. Quem joga com ele consegue marcar gols — responde a menina, com a confiança de um Ronaldo Fenômeno.

A entrevista dura cerca de dez minutos. Desligo a câmera e ela corre para a companhia dos pais. Procuro um local próximo para gravar a passagem da reportagem. As trilhas que indicam as rotas por aqui são todas de terra batida. Resolvo escrever um texto que faça referência a isso e ao número escolhido por ela para jogar futebol.

A terra batida não acompanha Rehema apenas na caminhada diária para os estudos. Pelo menos uma vez por semana, ela joga futebol no time da escola em campos que nem sempre são de grama. E, olha, mesmo longe das salas de aula, os números continuam atrás dela.

Primeiro, aponto a câmera para o chão e agacho para encostar a mão na terra e "declamar" a primeira parte da passagem. Em certo ponto do texto, levanto, paro de gravar, mudo a posição da câmera e o enquadramento passa a registrar da cintura para cima. Gravo agora a segunda metade. Após a edição do material, o telespectador terá a impressão de que usei duas câmeras na captação.

Após algumas tentativas – não é fácil gravar de primeira, mesmo quando ninguém ao redor entende uma palavra do que você está dizendo –, percebo olhares curiosos em minha direção. Nove crianças estão paradas olhando a câmera. Quatro meninas vestem coloridos vestidos, cinco garotos usam camisetas e bermudas gastas. Um deles segura uma roda solta de bicicleta. Gasto meu repertório em suaíli e a comunicação verbal acaba em segundos. Com as mãos, peço para todas se juntarem. Elas aceitam com sorrisos e se preparam para o registro.

Quero fotografá-las. O cenário tem ao fundo o aglomerado de coqueiros, a estradinha de terra e um céu azul permeado de nuvens quase transparentes.

Antes sorridentes, todas fecham as expressões. No momento do clique, os semblantes são sérios. Uma coça o nariz e olha para o lado. Outra encara o chão. Três se apoiam na roda de bicicleta. Apenas uma garota sorri, sem mostrar os dentes.

Mostro para o grupo a fotografia no visor da câmera. Um riso geral quebra o gelo. Eles se afastam, um deles sai pulando e brincando com a roda.

Na volta para o hotel, Hellen e Sammy propõem um almoço em Kaloleni mesmo. Afinal, já são três da tarde e nossos estômagos parecem conversar entre si através de ruídos pouco amistosos. Há apenas um restaurante na saída da pequena cidade. Sammy estaciona e diz ser bom o nyama choma dali. Duas churrasqueiras portáteis sobre a calçada de terra exalam uma fumaça cinza, vinda dos pedaços de frango e carne grelhados.

Atraídos pelo cheiro, ao menos oito corvos estão sobre o teto do estabelecimento. O grunhido das aves causa arrepios. Ignoro qualquer tipo de recomendação sobre higiene e sou vencido pela fome. Pedimos um frango assado cortado em tiras e ugali para dividirmos entre nós. Um refrigerante nacional de laranja adoça a refeição, enquanto espanto um punhado de moscas com uma das mãos.

Ainda é dia quando os funcionários da MTG me deixam no hotel em Kilifi. Passo pela recepção e corro para deixar os equipamentos no quarto, na expectativa de aproveitar um pouco da praia. Venta suavemente. A temperatura deve estar na casa dos vinte graus. O crepúsculo traz um tom violeta ao céu. Por alguns minutos, caminho tranquilamente pela areia clara e deixo que as pequenas ondas do Índico molhem meus pés. Um paraíso a tão poucos quilômetros da simplicidade extrema.

Os contrastes me lembram o Brasil. Ao mesmo tempo, penso no quanto estou longe de casa. Subo uma escada e encontro uma espreguiçadeira sobre um deque de madeira à beira-mar. Deito e sinto o ar esfriando. A calmaria é tanta que acabo adormecendo. Quando desperto, o violeta deu lugar a um imenso fundo negro pontilhado de estrelas.

É o último dia de gravações em Kilifi antes de Sammy me deixar em Mombaça. Willice tem mandado mensagens dizendo que o carro está na oficina e quase pronto. A ideia é encontrá-lo ao entardecer para já cairmos na estrada rumo a Nairóbi e seguirmos viagem noite adentro.

A sede da Moving the Goalposts é num grande sobrado branco. Discretas ilustrações personalizadas – e de bom gosto – fazem referência ao projeto e preenchem algumas paredes externas.

Logo sou apresentado a Dorcas Amakobe, diretora de programação da MTG e que foi escolhida por eles para ser a porta-voz da ONG na reportagem.

— As oportunidades são muito limitadas para garotas ocuparem posições de liderança. Elas não iam para escola, ficavam em casa e não tinham chance de interagir com a comunidade. Jogar futebol dá a elas todas essas oportunidades — afirma Dorcas.

Ela transparece tranquilidade a partir de sua fala mansa. Durante a entrevista, explica que a sede do projeto é uma segunda casa para as mulheres de Kilifi, seja pela refeição gratuita ou oferecendo um espaço tranquilo para os estudos das garotas que, como dito anteriormente, possuem entre 9 e 25 anos. Tudo é muito organizado, e as mais de 6 mil atletas possuem suas fichas cadastrais distribuídas em pastas numa sala extremamente limpa. Dorcas prossegue:

— Ainda acham que as mulheres não devem ser líderes, que somos muito boas em ficar em casa cozinhando, que devem ser as responsáveis por ficar em casa cuidando das crianças e que não podem competir com os homens no mesmo nível. Então, temos dito às meninas que elas têm o mesmo "campo para jogar". Contribuiremos para a mudança que está acontecendo no Quênia, porque mais organizações estão trabalhando com garotas e jovens mulheres.

Na cerimônia do prêmio Laureus de 2016, realizada em Berlim, pouco antes da minha visita, a diretora da MTG Rachel Muthoga recebeu o troféu da categoria "Esporte para o bem" das mãos do ex-jogador e ídolo português Luís Figo.

"É uma honra tão grande estar aqui diante de vocês. Estou muito orgulhosa por representar as mais de 6.600 meninas que hoje jogam futebol. É uma oportunidade maravilhosa, e tudo que quero dizer a todos os membros da academia e ao resto do Laureus é que o que estão fazendo está ajudando muitas pessoas, então continuem fazendo isso. Muito obrigada", discursou Rachel em frente a grandes nomes do esporte mundial.

Para entender a grandeza desse projeto no meio do Quênia, era preciso acompanhar de perto uma partida. O time do condado de Rehema jogará contra outra equipe da região num campo improvisado. O travessão é, na verdade, uma corda feita de palha, e as traves são de madeira.

O futebol por aqui vai além da prática esportiva.

Antes de a bola rolar, as meninas dançam. E sempre uma garota é escolhida para discursar sobre cultura, educação sexual ou simplesmente sonhos – como os de Rehema, a menina que um dia quer ser médica. Como os de um projeto que conquistou o mundo. Sonhos que refletem a busca por melhorias de um país que vai muito além do atletismo.

Nas paredes da ONG, há uma palavra escrita que chama a atenção. Durante o jogo, Dorcas explica o que aquilo significa:

— *Tunawesa* é uma palavra no idioma suaíli que quer dizer "nós somos capazes".

***

Traçando um paralelo entre Brasil e Quênia, Nairóbi está para São Paulo assim como Mombaça está para o Rio de Janeiro. A primeira é o centro urbano e comercial, enquanto a segunda é famosa pelo turismo, boemia e importância portuária. O porto local é o mais importante do leste africano e é de vital relevância até para países vizinhos, como Tanzânia, Uganda e Etiópia.

Fundada no século XI por mercadores árabes, Mombaça foi ocupada por navegadores portugueses séculos mais tarde. Os primeiros europeus a desembarcarem no Quênia formavam a tripulação capitaneada por Vasco da Gama. A influência lusitana na região se deu até meados de 1730. Não à toa, descobri recentemente uma palavra comum ao suaíli e ao português: mesa. Aqui ela tem a mesma pronúncia e significado que nas colônias portuguesas.

A vida noturna da mais importante cidade litorânea do país também é famosa. Não faltam opções de bares, baladas e outras tentações mundanas.

Estamos na estrada. Sammy e Hellen conversam enquanto eu presto atenção na paisagem entre Kilifi e Mombaça. Já é fim de tarde, e encontraremos com Willice logo mais. Ligo para o amigo de Nairóbi e peço que ele explique o caminho em suaíli para Sammy, que está dirigindo.

Chegamos ao local. O ponto de encontro é bem escuro e, rapidamente, conto cerca de cinco bares nos arredores.

— Seja bem-vindo a Mombaça, Plácido! Como foram as gravações? — pergunta Willice.

— Renderam bastante, mas estou varado de fome. Depois conto pra você com detalhes.

— Vamos deixar a bagagem na casa do meu cunhado. É aqui perto e, depois, já podemos comer algo.

— E o carro, ficou pronto?

— Vamos comer e depois conto pra você com detalhes — retruca me parafraseando.

Sinto cheiro de problema. Nos despedimos da dupla de Kilifi e peço para Willice bater uma foto nossa. Registros visuais são preciosos para ajudar a memória no futuro.

— O pessoal da oficina não tem a peça para consertar o câmbio do carro. Está vindo de Nairóbi e deve chegar amanhã durante o dia.

— Caramba, Willice... Você poderia ter me avisado e eu arrumava um voo saindo daqui. Não tenho reserva em hotel, nem nada... E ainda preciso editar a reportagem.

— Fica tranquilo. Vamos dormir no meu cunhado e aproveitar a noite queniana, afinal hoje é sábado! — argumenta, enquanto andamos por uma rua imersa na escuridão, iluminada apenas pelas luzes que saem de dentro das casas.

Na sala de entrada, estão o cunhado dele e um primo. A residência é simples e agradável. Eles me oferecem um quarto com cama de casal. Guardo o equipamento num armário e passo o cadeado na mala. Apesar da boa hospitalidade, é prudente não dar mole.

Depois de jantar um nyama choma de frango no bar a poucos metros dali, o trio se anima para ir a uma boate. Estou receoso, porém aceito. A noite queniana, acompanhado de pessoas locais, é uma das coisas que ainda não vivenciei.

Antes preciso de um banho e sou surpreendido novamente.

— Não temos chuveiro. Vou preparar uma bacia com água para você — revela o cunhado.

A água está gelada. Eu me enxáguo usando as mãos e um sabonete que peguei no hotel em Kilifi. Uma toalha de mão, única que trouxe para o litoral, cuidará do pós-banho.

O destino escolhido para a noite é uma balada dentro de um shopping. Iremos com o carro do cunhado.

A boate fica a quinze minutos de onde dormiremos e noto algo ao chegar no local: não há nenhum mzungu. As caixas de som reproduzem hits globais de músicos pop norte-americanos e muito, mas muito, hip-hop.

Várias mesas servem de suporte para narguilés — espécie de cachimbo de água de origem oriental. A fumaça expelida pelas mangueiras se espalha pela pista.

Duas mulheres me fitam descaradamente. Possuem uma beleza misteriosa, e resolvo puxar conversa. Após alguns goles alcoólicos, uma delas me dá um beijo. Tiro os óculos e os coloco em cima da mesa. Em seguida, Willice me chama para celebrar o momento.

— Agora você está deixando de ser mzungu — gargalha.

"Pelo contrário, Willice", penso. Isso porque, quando vou buscar meus óculos, percebo que a garota está mexendo neles. De repente, *plaft*! Ela quebra uma das pernas do objeto. Ótimo. Os dois graus de miopia e astigmatismo agradecem. O álcool torna a visão ainda mais turva.

Já é madrugada quando partimos, sem as garotas, que, segundo elas próprias, estavam empolgadas demais com a música e queriam varar a noite dançando.

— Acorda, Plácido — diz Willice.

— Que horas são?

— São dez da manhã. Se deu bem ontem, hein, garoto!? Vou agora para a oficina buscar o carro. Temos chá com leite, pão de forma e mel. Voltaremos mais tarde... Pode dormir mais um pouco.

Enrolo uns minutos na cama, afinal é domingo. A cabeça ainda gira. Quando levanto, percebo que estou sozinho na casa. E mais: a porta não está trancada e não me deixaram chave alguma.

As horas passam e o chá com leite acaba. Também não aguento mais comer pão com mel; contudo, não há como sair para comprar comida e deixar a casa aberta. Por telefone, o enrolado amigo avisa que só vai chegar à noite e desconversa sobre o andamento na oficina.

Já passa do meio da tarde e o estômago se contorce. A última refeição mais pomposa foi na noite passada, logo que cheguei à cidade. O relógio sinaliza oito da noite quando os dois, sem o primo, chegam com sacolas na mão.

— Trouxemos ingredientes para preparar ugali e legumes — diz Willice.

— E o carro? — questiono com uma expressão séria.

— Más notícias. A peça só deve chegar na terça-feira...

A paciência acabou. Gasto o inglês para dar uma dura no motorista que tem sido meu parceiro de trabalho. A cozinha está suja e o menu do jantar não apetece.

— Vou dar um jeito de voltar amanhã cedo, Willice. Além disso, agradeço por ter comprado comida, mas quero um lanche, pizza... Qualquer outra coisa.

— Tudo bem. Vou com você... Mas temos que ir de *tuk-tuk*, porque o primo saiu com o carro que estava aqui.

Tuk-tuk é um veículo motorizado, de formato engraçado, que anda sobre três rodas. Muito comum no sudeste da Ásia, Índia e nas cidades costeiras da África, ele funciona como alternativa mais barata ao táxi.

Precisamos ir a pé até uma rua iluminada onde os veículos passam. Durante o trajeto, analiso a situação. De ressaca, não como uma refeição decente há 24 horas, enxergo mal – estou sem óculos –, estamos caminhando por uma rua escura no Quênia e a missão é pegar um tuk-tuk para comer uma pizza qualquer. A sensação, apesar de tudo, é boa. De estar vivendo o país. Mas tudo tem limite. Ao voltar para a casa do cunhado de Willice, comprarei uma passagem de avião para amanhã cedo. É hora de um descanso nas aventuras.

Ainda não sabia, porém o conselho de meu chefe, Marcelo França, seria extremamente valioso. Lembre-se de que antes da viagem para o litoral ele disse: "filme tudo o que puder". Assim o fiz, e as histórias vividas nesses dias renderiam duas reportagens: uma para o *Planeta SporTV*, programa do canal voltado para assuntos internacionais, e uma versão maior para o *Esporte Espetacular*, minha primeira participação na TV Globo.

Reino Unido, aí vamos nós?

Dia desses recebi um e-mail do jornalista brasileiro Jorge Luiz Rodrigues. Chefe de produção no SporTV, o carioca fez carreira no jornal impresso *O Globo*. Na mensagem, ele sugeriu que fizéssemos uma reportagem no jogo entre Quênia e Guiné-Bissau pelas eliminatórias da Copa Africana de Nações, para mostrar como é a torcida nacional daqui.

A seleção local é apelidada de *Harambee Stars* — em suaíli, *harambee* significa "trabalhando juntos" — e ocupa a posição de número 78 no ranking da Fifa. Seus resultados internacionais são inexpressivos, e o time precisava vencer o jogo contra Guiné para ainda sonhar com classificação para o maior torneio continental.

No fim, os quenianos foram derrotados por 1 a 0, e vivi momentos de pura tensão durante as gravações. Isso porque, após o gol sofrido, uma parte da torcida, situada perto de onde eu estava com a câmera, passou a jogar pedras na polícia à beira do gramado. A resposta foi na base de bombas de gás de pimenta em direção às arquibancadas. Inalei muita fumaça enquanto narrava e registrava tudo o que acontecia — com os olhos lacrimejando e ardendo muito.

O episódio rendeu multa de 10 mil dólares para a Federação Nacional de Futebol e, dias depois, a Confederação Africana ameaçou banir o país de competições internacionais em caso de nova confusão. Apurei que incidentes violentos dentro de estádios são comuns no Quênia. Segundo jornalistas locais, existe certa inspiração nos hábitos dos *hooligans* ingleses — torcedores brigões que ficaram famosos no Reino Unido entre as décadas de 1980 e 1990.

A transmissão de futebol aqui também deixa nítida a influência dos colonizadores sobre o país africano. Todo jogo televisionado do campeonato queniano possui duas equipes de cada veículo de comunicação: uma falando em suaíli e outra em inglês. Assim, o público pode escolher entre os dois idiomas na hora de acompanhar seu time do coração.

Depois de notar os principais vestígios da influência inglesa sobre os hábitos esportivos daqui, ao menos na capital Nairóbi, falta ainda uma experiência: assistir a um jogo da Premier League — em um bar.

Não há explicação racional aparente, porém é gigante a torcida do Arsenal no Quênia. Nas ruas, vê-se muita gente usando camisetas do clube londrino. O Manchester United vem logo atrás na popularidade. Ambas equipes, aliás, estampam muitos grafites nos matatus, e decido produzir uma matéria sobre as ilustrações esportivas nos coletivos urbanos. Ao falar com Willice sobre a ideia, mato dois coelhos numa cajadada só.

— Conhece alguém da indústria dos matatus? Além disso, gostaria de assistir ao clássico entre Manchester United e Arsenal num bar. O jogo é amanhã.

— Meu primo Fred é motorista de matatu e tem todos os contatos. Além disso, ele, assim como eu, torce para o Arsenal. Podemos almoçar na casa dele e irmos juntos para um pub próximo de lá — sugere.

Chegamos cedo para o compromisso. Willice adianta que será uma típica refeição dominical em família. Fred Janin vive com a esposa e sua bebê, de um ano, num apartamento de tamanho razoável em um prédio de quatro andares. O acesso ao local se dá por uma rua de terra. Na sala, estão também dois primos de Fred, além do anfitrião que já nos convida a sentar no sofá.

— Daqui a pouco a comida estará pronta. Minha mãe está na cozinha preparando tudo com a minha esposa — anuncia Fred, fitando um clipe musical de hip-hop que passa na televisão.

Enquanto esperamos, ele explica que há cerca de um ano e meio comprou uma van para trabalhar no mercado de matatus. Ainda não aderiu às extravagantes pinturas na lataria do veículo, contudo diz ser um admirador da arte urbana queniana.

Enquanto isso, entra na sala uma mulher com olhar baixo. Tímida, a mulher de Fred traz uma bacia vazia, uma jarra com água e uma toalha. Ela passa por todos nós, quatro homens sentados no sofá, fazendo um cerimonial de higienização bastante comum por aqui. Em seguida, a mãe do motorista de matatu começa a trazer as travessas com o almoço. O cardápio é ugali, legumes e um tipo de carne de panela com cenoura.

— Aceita tomar nossa bebida típica? — pergunta amistosamente a senhora.

— O que é?

— É um tipo de leite, você vai gostar.

À medida em que o líquido escorre para o copo, noto que se trata de uma bebida espessa de cor bege. Tomo um gole e percebo que é leite fermentado, quase uma coalhada. O almoço segue numa atmosfera animada, e sou questionado a todo momento sobre como é o Brasil. Tudo vai bem até que a mãe de Fred percebe que o copo segue imóvel.

— Não vai beber? — questiona, sisuda.

— Já comi bastante. Estou satisfeito, obrigado — retruco.

— Mas pode terminar o copo. Coloquei para você — argumenta.

Esboço um sorriso de boca fechada e respiro fundo. Observo três pelotas no fundo do copo. Tomo alguns goles e desisto. A decisão não é aprovada pela responsável do almoço que, em seguida, retira-se da sala.

Fred e Willice percebem minha timidez e caem na gargalhada.

— Pessoal, obrigado pela companhia. Voltamos mais tarde! Vamos assistir ao jogo — avisa Fred.

A dez minutos de carro da casa onde almoçamos, está o bar chamado Natives, que, contradizendo o nome, segue o padrão de pub inglês. Telões, balcão com vários tipos de cervejas, ambiente escuro e fechado. Tão logo nos sentamos e pedimos três garrafas de Tusker – cerveja local de sabor incrível –, Fred puxa papo com a mesa ao lado e abre as mãos para receber um pequeno galho verde com algumas folhas. É o *khat*, erva de consumo legalizado no Quênia, também chamada de *miraa*.

Muitos aqui têm o hábito de mascar a planta por alguns minutos, a fim de obter efeitos estimulantes. Euforia, excitação e confiança. O governo nacional apoia os produtores de khat, já que a exportação da erva, principalmente para países vizinhos, rende bons números ao Estado. Um exemplo: diariamente, mais de quinze voos de carga cheios de miraa saem do Quênia com destino à capital da Somália, Mogadíscio. A carga diária é avaliada em cerca de 1,2 milhão de reais.

Retomando. Vai começar a partida entre Manchester United e Arsenal, no estádio de Old Trafford, em Manchester. As caixas de som reproduzem em altos decibéis a transmissão da partida, fazendo com que o ambiente criado nos transporte mentalmente para o norte da Inglaterra. O bar está cheio de torcedores de ambas as equipes. Gritos de "uh", em lances de perigo e de "yeah", a cada um dos cinco gols marcados competem por atenção.

O jogo termina com vitória do time de Manchester por 3 a 2. A esta altura, boa parte dos presentes está eufórica. Soma da adrenalina do futebol, goles de Tusker e uma pitada de khat. Luzes piscam e vai começar a música. De repente, todos dançam ao ritmo da canção "Kati ya Man U na Arsenali", do músico queniano Drygin & Frakaz, que fala sobre a rivalidade entre os dois rivais ingleses.

Elas são o centro das atenções no campo de futebol do bairro de Huruma, em Nairóbi. Homens de diferentes faixas etárias param para assistir aos treinamentos da seleção feminina do Quênia de futebol de rua.

A precária condição social é requisito para integrar a equipe, formada por oito mulheres, entre 17 e 28 anos. Todas vivem com aproximadamente 170 reais mensais, fruto de trabalhos temporários como, por exemplo, faxineiras ou lavadeiras. Uma delas é Fauzia Kaunjeri. Ela vive na favela mais violenta do Quênia: Majengo [lê-se "Madiengo"]. A comunidade, mais pobre até do que a de Kibera, é uma área evitada até por parte da população da capital.

Explicarei como conheci Fauzia.

Ontem, li uma nota no jornal sobre a saga da seleção feminina para angariar fundos e participar da Copa do Mundo de moradores de rua, a ser realizada dentro de poucos meses em Glasgow, na Escócia. Disputado anualmente desde 2003, o torneio não é organizado pela Fifa, maior entidade ligada ao futebol. Em 2011, teve as quenianas como campeãs na categoria feminina. O problema é que, desde então, o time não participou mais por falta de investidores. Como todas as atletas vivem no limite financeiro, é preciso buscar ajuda – que raramente vem, por causa do quase mínimo retorno para os apoiadores.

Mesmo assim, lá estão as oito meninas, cinco vezes por semana, no campinho de Huruma, treinando a todo vapor. Convidada a participar da competição novamente este ano, a delegação tem menos de dois meses para arrecadar cerca de 26 mil reais e cobrir gastos com vistos para o Reino Unido e passagens aéreas. Seria a primeira viagem internacional da vida de todas as jogadoras.

Conto a história para Marcelo França, o chefe da editoria internacional do SporTV, e recebo uma resposta positiva e eufórica da parte dele. Era a autorização que faltava para tentar produzir uma pomposa reportagem para o Brasil vinda da notinha de um jornal africano.

Na internet, encontro o telefone da Associação Queniana de Futebol de Rua e consigo marcar para assistir a um treinamento da equipe, em Huruma, daqui a dois dias. Falo com Mohamed Haji, presidente da entidade.

— Sugiro que você visite uma de nossas atletas após a sessão de treinos. Tenho certeza de que a história de Fauzia, nossa zagueira, será importante para sua reportagem — garante o mandatário.

No dia marcado, Willice me leva até o endereço enviado por Mohamed, espécie de centro esportivo público pouco conservado. Ao fundo, estão duas quadras sem pavimentação, apenas com pequenos muros delimitando o espaço do jogo e as traves de cada lado.

As regras do futebol de rua são diferentes da modalidade profissional de campo. São só quatro jogadores para cada time: um goleiro e três na linha. Dois tempos de sete minutos, com um rápido intervalo de apenas dois. Escanteio, tiro de meta ou lateral, só se a bola for chutada por cima dos muros.

Willice estaciona e segura o tripé para me ajudar, quando avisto um grupo de crianças jogando bola num campo improvisado de terra batida, ainda fora do centro esportivo. Pequenos pedregulhos formam os gols. Peço que ele vá na frente, já que quero fotografar o momento.

Está nublado. Discretamente, sento numa pedra e começo a fotografá-los com o celular. Um garoto me vê. Outro. E mais outro. De repente, pelo menos uma dezena corre em minha direção.

— Querem uma *selfie*? — ofereço, virando a câmera em nossa direção.

Inicia-se um festival de suspiros e risadas. Estou cercado. As crianças divertem-se com suas próprias imagens na tela. Clico seguidamente no botão para registrar o momento.

Em seguida, um menino chuta a bola para o campo, os sorrisos diminuem e todos correm de volta para o jogo. Espertos... A chuva está a caminho, e a brincadeira coletiva é muito mais divertida do que um mzungu tecnológico.

Estamos em Majengo, a mais pobre das favelas quenianas. A tarde, novamente, está nublada e fria. Abril é a temporada chuvosa, e dias assim têm sido comuns. A única rua de acesso ao interior da comunidade é repleta de barracas feitas de lata e madeira, com comerciantes informais.

Fauzia nos espera a alguns metros. Ao lado dela está Peris, capitã da seleção feminina de futebol de rua, que — por possuir mais fluência no inglês — foi requisitada pela amiga para a gravação da entrevista. Willice está calado. Nunca o vi assim antes.

— Temos que andar um pouco até chegar na casa dela, tudo bem? — anuncia Peris.

Peço que ambas sigam na frente, já que pretendo gravar o percurso. Vou atrás delas com meu amigo e motorista. A cada metro caminhado, a curiosidade dos moradores aumenta visivelmente. Devem pensar: o que esse mzungu está filmando?

O ambiente está cinza. Além da nebulosidade, há fumaça por todos os lados, já que pequenas quantidades de lixo estão sendo queimadas a cada quarteirão e algumas famílias montaram fogueiras, do lado de fora das casas, para o preparo de nyama chomas. O esgoto corre livremente, como um pequeno riacho, misturando-se à lama. A cada passo o pé parece afundar mais no barro... Tem sido quase impossível voltar para casa com os calçados limpos neste mês. A mistura dos cheiros dá náuseas.

— Só mais alguns metros. Estamos chegando — avisa Peris ao entrar numa estreita ruela.

Temos que pular uma poça de cor escura que sai de um cano quebrado. Na porta do barraco de Fauzia repousa um rato morto. As meninas agem naturalmente. Parecem não se importar com a cena.

Entramos no pequeno espaço onde a zagueira do time vive com a mãe e duas filhas. O pai das crianças sumiu há anos, e o dela morreu quando ela ainda era jovem. As meninas estão na escola e a mãe nos espera sentada numa cama. Fauzia, aliás, cultiva até hoje o espírito de criança, ainda que tenha assumido a responsabilidade da primeira gestação logo aos treze anos.

— Esse aqui é o Ronaldo — diz ao apresentar um urso de pelúcia, em homenagem ao ex-jogador brasileiro.

Como não fala bem inglês, ela pediu a ajuda de um primo para escrever sua história na ficha da Associação Nacional de Futebol de Rua. Sugiro que ela leia o manuscrito e, em seguida, ligo a câmera.

> *A vida na favela não tem sido fácil. Minha mãe nos criou sozinha, e somos quatro na família. Minha mãe é desempregada e costumava lavar roupas dos vizinhos para que pudéssemos comer. Às vezes, chegamos a dormir na rua por problemas com o pagamento do aluguel. Me envolvi com futebol e agora conheci o time queniano de futebol de rua.*

Ao término da vagarosa leitura, Fauzia, Peris e a mãe choram. O silêncio toma conta do ambiente por alguns instantes.

Porta-retratos pregados nas paredes de madeira revelam registros felizes da vida dela. Todos ligados ao futebol. Ela sonha em viajar para a cidade escocesa e conhecer um novo país. Contudo se diz satisfeita, atualmente, só por ter um teto para sua família.

Deixamos o local após quase uma hora. Ainda preciso gravar uma passagem. Já próximo do carro de Willice, posiciono o tripé e ensaio o texto. Pelo menos vinte curiosos ficam atrás da câmera, observando a gravação.

— Aleluia! — suspira Willice quando termino e entramos no veículo para ir embora.

— O que aconteceu?

— Nunca pisei em Majengo. Estive preocupado o tempo todo. Vamos embora logo.

Meu anjo da guarda tem sido forte. Procuro ser simpático com todos que falo, sorrir bastante e tentar ao máximo agir como um local. Ao contrário do que muitos no Brasil podem achar, já não me sinto ameaçado aqui. A pobreza não aparenta ser violenta como imaginamos. Há uma atmosfera amigável e, de certa forma, sofrida.

Já é noite quando nos aproximamos do condomínio onde moro. O semáforo fecha e uma menina, bem baixinha, aproxima-se do carro. Ela bate suavemente no vidro da janela ao meu lado.

— Dinheiro, mzungu... Por favor, dinheiro.

Ela para de falar e continua imóvel a poucos centímetros do veículo. Forma-se um pequeno círculo de vapor no vidro, que aumenta e diminui conforme ela respira.

Dou o que tenho no bolso e o sinal abre. Willice e eu estamos cabisbaixos.

— Fique bem, Plácido. Amanhã faremos uma reportagem mais alegre, com certeza! Boa noite — diz o motorista antes de partir.

Ao entrar no apartamento, largo os equipamentos na sala e vou direto para o banho. Deixo a água quente do chuveiro escorrer pelo corpo. O suor e a sujeira saem aos poucos. Em contrapartida, as imagens do dia insistem em permanecer. O esgoto, o rato morto, o choro da família, o vidro embaçado.

Não tenho fome. Deveria descansar, porém decido assistir ao material gravado. Os arquivos de vídeos aparecem pouco a pouco na tela e a garganta trava. Estou sozinho num apartamento grande, cercado de luxos, e não tenho ninguém para compartilhar o que vi. Ainda sinto o inexplicável cheiro de Majengo.

Fecho com força o computador e os olhos. Respiro fundo. Um pequeno rastro úmido escorre pelas bochechas. Jamais esquecerei Fauzia e Peris.

Capítulo 4
Terra livre

Uma cabana ao pé do monte Quênia

O mais legal do projeto Passaporte SporTV é a liberdade dada para criar. Todos os oito repórteres selecionados para esta edição têm carta branca para sugerir histórias, recortes e formatos. Ao longo dos cinco meses de preparação, ainda no Rio de Janeiro, o tema central de todo e qualquer papo com nomes fortes do jornalismo da Globo era sempre o mesmo: inovação.

O avanço da tecnologia trouxe rápidas mudanças no processo de produção do telejornalismo. No início da TV, em meados de 1950, a estrutura de uma reportagem costumava ser linear: começava com imagens do fato, narradas pelo repórter – o chamado *off* –, seguia para a passagem – que, naquela época, literalmente simbolizava uma transição no roteiro – e, por fim, vinham as sonoras – jargão televisivo para as entrevistas. A narrativa seguia, geralmente, uma ordem cronológica.

Com o tempo, a edição deixou de ser linear. Repórteres, cinegrafistas e editores viram-se estimulados – para não dizer obrigados – a pensar em novos jeitos de contar uma história. A chegada de celulares e câmeras populares com capacidade de gravação em alta resolução só aumentou o leque de possibilidades.

Desde antes de partir para a África, uma ideia ligeiramente ingênua martelava minha cabeça. Desejava escalar uma grande montanha naquele continente e registrar a aventura numa reportagem. A vontade deu origem à pesquisa. Afinal, qual seria o gancho para fazer uma matéria sobre isso?

Fuçando na internet, achei a história perfeita: a independência do país, em 1963, tem relação direta com o esporte, mais precisamente com o alpinismo. Parece bom demais para ser verdade.

O território queniano esteve sob controle administrativo britânico de 1888 a 1963. Com o fim da Segunda Guerra Mundial, em 1945, intensificaram-se as revoltas nacionalistas pró-libertação da colônia. Destaque para o grupo revolucionário intitulado Mau-Mau, formado por homens da tribo kikuyu, que exigiam uma reforma agrária no país – lembre-se de que muitos grupos étnicos foram expulsos de suas terras férteis com a chegada dos ingleses.

O nome-chave nesta história é Jomo Kenyatta, o homem que hoje dá nome ao principal aeroporto de Nairóbi. Ele nasceu em 20 de outubro de 1894 e, ainda durante o período de submissão aos britânicos, destacava-se na sociedade queniana por sua formação adquirida no exterior em Economia e Antropologia Social, em Moscou e Londres, respectivamente.

Kenyatta era kikuyu e, em 1952, liderou o início da Revolta dos Mau-Mau. O movimento foi tão intenso que o governador colonial declarou estado de emergência e dezenas de milhares de kikuyus apoiaram a rebelião deflagrada pelos mau-mau — a maioria dos quenianos queria libertar o país do regime europeu. Em contrapartida, a Grã-Bretanha enviou tropas e, em quatro anos, já haviam morrido em combate mais de onze mil kikuyus e dois mil soldados britânicos.

O líder queniano foi preso e ficou seis anos atrás das grades, sendo libertado em 1959, quando a relação colonial entre Quênia e Reino Unido já beirava o insustentável. Kenyatta, então, tornou-se um mediador diplomático entre os dois países e, autorizado pela coroa britânica, fez várias viagens a Londres para negociar a independência. A Revolta dos Mau-Mau só teve fim dois anos após o revolucionário deixar a prisão.

Até que, finalmente, depois de muita conversa e luta, os colonos cederam. O fim do período colonial queniano veio em 1963 e, além da burocracia formal e política, a rainha Elizabeth II teve uma ideia para oficializar o ato: algum queniano deveria escalar os 5.199 metros do monte Quênia e fincar uma bandeira nacional no topo dele. Simbolicamente, seria o gesto da libertação. Faltava achar um alpinista.

Através de um amigo jornalista do periódico *The Standard*, consegui o contato de Teddy Kisoy, filho do homem que escalou o monte Quênia no dia 12 de dezembro de 1963: o dia da independência queniana.

Após alguns minutos de conversa ao telefone, Teddy explica:

— Meu pai foi Kisoi Munyao. Na época, o grupo liderado por Kenyatta formou uma comissão para encontrar o melhor alpinista queniano. Encontraram meu pai através do Clube de Montanhismo do Quênia e, então, ele foi convidado a integrar este projeto histórico. Ele se sentia preparado para assumir a missão de levar a bandeira ao cume do monte Quênia.

Acompanhado de outros dois alpinistas britânicos, Kisoi Munyao realizou com sucesso o desafio lançado pela rainha inglesa. A partir disso, o Quênia tornava-se uma terra livre. O alpinista faleceu em 2007, e o governo o condecorou postumamente como um dos heróis da independência. Ainda criança, Teddy aprendeu a escalar com o pai-herói e trabalhou por cinco anos como oficial de resgate no Parque Nacional do Monte Quênia. Em 2013, ele decidiu repetir o feito de Kisoi Munyao, em celebração aos cinquenta anos da independência.

Vinte minutos de ligação e Teddy aceita gravar a reportagem.

— Não esqueça de levar agasalhos. Passaremos a noite na montanha e lá faz muito frio — alerta o alpinista.

Tenho trocado mensagens com Helena, uma modelo brasileira que se mudou há pouco tempo para Nairóbi. Ela é natural de Florianópolis e veio para a África fazer trabalho voluntário numa ONG. Loira, atlética e, não menos importante, fluente em português — faz falta falar em sua língua-materna num país onde se escuta de tudo –, a catarinense pediu para integrar a expedição monte Quênia.

— Você pode ir, mas vou precisar manter o foco no trabalho — afirmo ao tentar manter uma postura séria.

— Claro, só quero aproveitar a companhia para conhecer um lugar diferente por aqui — argumenta Helena.

Sinto uma obrigação grande em viver intensamente a experiência jornalística por aqui e repassar um pouco do que é o Quênia para os brasileiros. São apenas sete meses que passarão rápido. Distrações, boemia e afins terão outros momentos. Está bem... Tenho feito isso. Mas Helena ganha passagem.

Subir uma montanha de até 2.500 metros é considerado montanhismo. Já o alpinismo é uma atividade esportiva em altitudes maiores, como é o caso do monte Quênia. Preste atenção no perfil dos integrantes da jornada. Teddy Kisoy: alpinista profissional, acostumado a escalar montanhas desde os quinze anos de idade e esguio. Helena: corre cerca de dez quilômetros diários em preparação para uma maratona que pretende participar dentro de alguns meses. Willice Moemi: como dito no início do livro, meu amigo foge ao estereótipo do queniano e ostenta uma arredondada barriga. Plácido Berci: não pratica nenhuma atividade esportiva regular há oito meses, em virtude de uma entorse de tornozelo.

Sim, só depois de confirmada a reportagem é que parei para analisar meu condicionamento físico para tal.

São pouco mais de duas horas e meia de estrada de Nairóbi até a entrada do Parque Nacional do Monte Quênia. Helena chega no horário marcado ao meu condomínio. É bem cedo ainda, quase seis da manhã. Apanharemos Teddy no caminho de saída da cidade para seguirmos viagem.

Durante o trajeto, Willice se mostra empolgado por levar em seu carro o descendente de um herói nacional. Enquanto isso, sento no banco de trás com a jovem brasileira que conta um pouco de sua aventura africana nas últimas duas semanas. Ao todo, ela ficará um mês vivendo em Kabiria, uma das tantas comunidades carentes de Nairóbi.

É incrível a mudança da vegetação ao nos aproximarmos da segunda maior montanha do continente. O verde surge como cor predominante, ao contrário da paisagem desbotada, típica das savanas. Árvores altas, como algumas espécies de pinheiros, compõem o cenário. A temperatura mais amena também já dá seu cartão de visitas, mesmo com o sol quase a pino do fim da manhã.

Jomo Kenyatta foi o primeiro presidente da República do Quênia. Ele assumiu logo em 1963 e ocupou o cargo até o fim da vida, em 22 de agosto de 1978. Atualmente, além da homenagem a ele no maior aeroporto do país, seu rosto estampa as cédulas dos *shillings*, moeda local.

Engana-se, porém, quem pensa que Kenyatta é unanimidade entre os quenianos. Muitos acreditam que ele beneficiou seu próprio grupo étnico em troca de favores à coroa britânica. Compondo 22% da população, os kikuyus permanecem no poder até hoje e são acusados por outras tribos de trocarem privilégios entre si, como forma de se perpetuarem no topo da sociedade queniana. É comum ouvir a seguinte frase vinda de pessoas pertencentes a outras etnias:

— Tome cuidado com os kikuyus, eles só querem saber de dinheiro — escuto com frequência.

Para boa parte dos outros 41 grupos étnicos, "a tribo do presidente" não joga limpo. Na África, a luta de classes se confunde com a briga de etnias. Outros países africanos já sofreram com violentos períodos devido a disputas étnicas pelo poder após conquistarem a independência colonial.

O chefe de Estado em exercício é Uhuru Kenyatta, filho de Jomo, que assumiu o cargo em abril de 2013, sucedendo o também kikuyu Mwai Kibaki. O herdeiro do "fundador" da nação queniana chegou ao poder em inquieto cenário político.

Cinco anos antes, a eleição que culminou na vitória de Kibaki foi contestada por outras tribos, que alegaram fraude nas urnas. Na época, as ruas foram palco de muitos confrontos entre seguidores dele e seu opositor, Raila Odinga, que era apoiado pelo então presidente norte-americano Barack Obama. Os conflitos pré-eleições de 2007 quase culminaram numa Guerra Civil.

Nascido dois anos antes da independência, Uhuru Kenyatta, formado em Ciências Políticas e Economia nos Estados Unidos, é classificado pela revista *Forbes* como o homem mais rico do Quênia. Uma lei federal chama a atenção de quem é de fora daqui. É obrigatório que estabelecimentos comerciais coloquem em local visível um retrato do presidente em exercício. A punição para o descumprimento é uma multa severa.

Passamos pela guarita do parque e já é possível ver ao fundo a imensa montanha rochosa. O cume do monte Quênia é pontiagudo. Alguns babuínos – aqueles primatas de nádegas vermelhas – nos fitam desconfiados. Subiremos de carro até um ponto, a exatos 3.048 metros de altitude, onde está localizada a primeira base de acampamento para alpinistas. São cerca de dez cabanas de madeira em meio a uma reserva florestal.

Há vegetação por todos os lados. Segundo os funcionários do parque, a área é habitada por milhares de búfalos, mas, mesmo assim, não vemos nenhum deles. Estacionamos o carro e começo a filmar Teddy arrumando seus equipamentos para escalada. Helena alonga as pernas. Willice coça a barriga.

— Devemos ir agora. Serão duas horas de caminhada íngreme até chegarmos ao trecho onde só é possível seguir escalando. Esperamos um pouco lá em cima para você fazer imagens e depois descemos antes de escurecer — explica o filho de Kisoi Munyao.

— Ótimo. Podemos gravar sua entrevista lá no alto também — digo ao jogar uma casca de banana no mato.

Teddy agacha e recolhe o resto do alimento. Percebo que ele não gostou e peço desculpas, justificando que só o fiz por se tratar de lixo orgânico.

— Todo alpinista cuida da natureza. Precisamos fazer isso já que ela é nosso campo de jogo. É uma relação de respeito. O problema não é a casca em si, mas o que ela representa. Se outras pessoas a virem aqui, se sentirão no direito de descartar mais lixo... E não temos controle sobre isso.

Enquanto a sábia cena acontecia, Helena seguiu caminhando. Ela já se encontra a certa distância de nós e noto que está tirando uma sequência de *selfies* com o celular.

Começa a caminhada. No início, tudo tranquilo. Cinco minutos depois, chegam as primeiras pedras e os obstáculos. Escuto ao fundo um som ecoando...

— *Rafiki* [amigo em suaíli] — diz a voz.

É Willice, que já se encontra com a camisa no ombro, revelando uma apertada regata branca que valoriza seu físico sedentário. Com a mão direita, ele carrega um pedaço de galho que usa para se apoiar no chão e ganhar impulso.

— Acho que vou esperar vocês no carro. Não é pra mim esse esporte... — afirma sem cerimônia antes de virar, ofegante, na direção contrária.

Invejo-o. Mas tenho que continuar. Os minutos passam silenciosos. De tempo em tempo, saco a câmera para registrar a subida de Teddy e o local em que estamos. Peço sempre para Helena dar licença. Aliás, o silêncio só é interrompido quando ela reclama da falta de sinal de internet.

— Queria fazer postagens no Instagram e no Snapchat e não posso.

Mesmo com o cíclico falatório dela, ainda estou admirado por suas madeixas loiras, que brilham enquanto seguimos pela trilha. Tive a terrível ideia de vestir uma camisa jeans, por baixo do agasalho, para a subida. A peça já se encontra ensopada de suor, mesmo com o termômetro caindo.

A cada vinte minutos, peço que a dupla pare a fim de descansarmos um pouco. Galhos queimados revelam que houve um incêndio por aqui recentemente. Para registrar a visão de Teddy enquanto subimos o monte Quênia, peço que ele coloque na cabeça uma câmera GoPro, que trouxe na mochila. Assim, terei mais opções de imagens na edição.

Sinto meu bolso vibrar. Para alegria de Helena, o sinal de internet está forte no alto da montanha. Dou a notícia e a brasileira suspira de felicidade. Porém, as tentativas falham.

— As postagens não carregam... Depois, não tem graça postar — reclama.

A trilha acaba. Daqui para a frente só é possível prosseguir escalando pedras pontudas, quase verticais. Fim da linha para amadores. Gravamos a entrevista e algumas imagens com Teddy erguendo orgulhoso a bandeira queniana no alto de uma rocha. Cinquenta e três anos antes, o pai dele fez gesto parecido. É uma cena emblemática.

— O Quênia naturalmente tem produzido esportistas de várias modalidades desde a independência. Somos um país esportivo e vamos erguer a bandeira nacional nos esportes — crava o alpinista.

O sol já dá sinais de fraqueza. É hora de voltar. Pelo plano, encontraremos Willice no acampamento por volta de seis da tarde. Além da gravidade, a missão de dever cumprido ajuda na descida.

Duas horas depois, avistamos o desertor da missão sentado ao lado do veículo, comendo uma banana.

— O Plácido sobreviveu? — questiona Willice antes de cair na risada.

Teddy entra na brincadeira e tira sarro, apesar de enaltecer a força de vontade da dupla de brasileiros. Helena parece incomodada ao pensar no jantar e diz que trouxe barrinhas de cereal. Durante a vinda para cá, nossos amigos quenianos compraram algumas embalagens de macarrão instantâneo para o banquete noturno. Por ter trabalhado no parque durante anos, Teddy conhece os guardas do local e pretende cozinhar a massa usando o fogão da casinha de um dos ex-companheiros.

As folhas das árvores balançam de um lado para o outro na noite recém-chegada. O vento aumenta a sensação de frio que, neste momento, já é intensa. Havia combinado com Helena que traria uma garrafa de vinho para ajudar a nos manter aquecidos durante a noite. Dormiremos os quatro na mesma cabana de madeira, cada um com seu saco de dormir. Não há energia elétrica. Temos duas lamparinas, sendo que Willice e Teddy acendem uma delas e saem com a missão de preparar o jantar.

— Voltamos em breve — avisa o motorista.

— Hora do vinho? — proponho sem graça.

— Perfeito! — comemora ela.

Sentamos num colchão e a conversa flui. Revezamos a garrafa – não temos taças, nem copos –, mas é ela quem fala mais. Conta de onde veio, histórias das viagens como modelo, das brigas com a família e da decisão de vir para o Quênia.

— Discuti feio com o meu pai e comprei a passagem no impulso. Ele duvidava de que eu viria. Pronto, queimou a língua.

Helena é de uma família rica de Santa Catarina. À medida que o papo avança, ela passa a revelar opiniões mais sinceras. Diz estar com medo de viver na comunidade de Kabiria. O projeto voluntário no qual trabalha também a decepcionou pela falta de estrutura. A pobreza da capital a chocou. São críticas ferozes à realidade queniana. Resgato na memória as fotos que vi em suas redes sociais. Eram retratos, aparentemente, sensíveis e felizes junto de crianças em áreas pobres de Nairóbi. Choviam curtidas e comentários elogiosos em relação ao comportamento dela.

— Algumas amigas de Floripa passarão as próximas semanas na Itália. Estou pensando seriamente em ir embora daqui e aproveitar um pouco do verão europeu — revela sem disfarce algum.

Willice e Teddy voltam com uma grande panela de metal e quatro pratos. Helena refuta o macarrão. Instantes depois, ela anda para fora da cabana com a garrafa de vinho nas mãos.

— Vou sentar no banquinho lá na frente. Terminando aí, vá lá para continuarmos a conversa — convida.

Os quenianos parecem amigos de longa data. Conversam e riem muito. Estão felizes.

A temperatura beira os cinco graus. São nove da noite. Tudo está escuro, e o filho do herói da independência apaga a primeira das duas lamparinas. A segunda – e única luz que temos agora - está com a brasileira lá fora. Sento-me ao lado dela e levo a garrafa à boca.

— Imagine o que tem nesta floresta, hein? — digo ao apontar a lanterna do celular em direção à reserva florestal à nossa frente.

Surgem luminosos pontos brancos. São os olhos dos búfalos. Os funcionários do parque não estavam mentindo. Acima deles, e da escuridão da mata, uma infinidade de estrelas nos ilumina. O vinho está no fim e viro o restinho da garrafa até a última gota. Estico as pernas – duras de frio – e admiro a cena. Certamente o Quênia é diferente do Brasil, contudo é impossível julgar a realidade daqui em apenas duas semanas, exatamente o tempo de estadia de Helena na África até aqui. Por isso, discordo dela e a provoco:

— Não é bonito este país?

Capítulo 5
Terra dos corredores

Tom Maruko e a câmera quebrada

A expectativa de vida no Quênia é de 59 anos para mulheres e 57 para os homens. No Brasil, a estimativa é de vinte anos a mais para o sexo feminino, e quinze para o masculino. No país do leste africano, o vírus HIV ainda é a principal causa de morte relacionada às doenças, sendo responsável por 15% dos óbitos. Em seguida, com 12%, figuram as mortes devido a problemas respiratórios.

Em Kisumu, o pai de Willice está doente. Aos 74 anos, James Moemi contraiu uma infecção pulmonar e preocupa os médicos. A família não tem condições financeiras para pagar um tratamento adequado. Semana passada, meu motorista foi até a cidade natal passar uns dias com o pai. Ao regressar para a capital, o homem acostumado a rir pelos cotovelos estava sério.

— Ele está muito mal, mas foi bom vê-lo — disse Willice há dois dias.

Hoje, temos marcada uma gravação no início da tarde, a respeito dos preparativos para a competição de atletismo dos policiais que ocorre amanhã em Nairóbi. No Quênia, é comum que atletas profissionais se filiem a corporações, como Forças Armadas e polícia. Assim, além de ganharem um dinheiro extra, eles também atuam como símbolos vitoriosos das companhias, exercendo papéis de garotos-propaganda.

Acendo o fogão do apartamento para preparar o almoço quando recebo uma mensagem de Willice.

"Meu pai faleceu."

Não sei o que dizer. Como dito anteriormente, durante nossas jornadas país adentro, o motorista queniano tem o hábito de fazer ligações e colocá-las no viva-voz para que falem comigo. Recentemente, conversei com seu James, que, naquela altura, estava bem de saúde. Parecia um homem tranquilo e, na ocasião, fez questão de me agradecer por trabalhar com seu filho:

— Willice me conta sobre os ídolos esportivos africanos que vocês têm conhecido juntos. Isso me dá muito orgulho — disse ao telefone, enquanto o filho sorria ao meu lado, com uma das mãos ao volante e a outra segurando o celular.

Respondo a mensagem sobre o falecimento do pai dele e digo que estou à disposição para qualquer coisa. Peço que me avise quando voltar do interior do país, já que o enterro de seu James será em Kisumu.

Henry, o taxista que me buscou no aeroporto quando cheguei, será meu companheiro nos próximos dias.

Acordei durante a madrugada para assistir aos jogos da Copa Libertadores, maior torneio de futebol da América do Sul. As principais partidas são por volta de dez da noite no Brasil; portanto, quatro da manhã aqui no Quênia. Costumeiramente interrompo o sono para matar a saudade de casa em meio à madrugada. O apito final vem acompanhado dos primeiros raios de sol. Fecho as frestas da cortina e volto a dormir.

Quando toca o despertador, duas horas depois, ouço o som da chuva. A preguiça, que já era grande devido à noite maldormida, aumenta. O campeonato de atletismo está marcado para às dez da manhã, no estádio Kasarani. Considerado o Maracanã queniano, o local possui capacidade para 60 mil torcedores, contudo não estará cheio hoje.

No horário marcado – mesmo com olheiras e mal-humorado –, encontro Henry no estacionamento.

— Terrível o que aconteceu com o Willice, hein? — lamenta o queniano.

Todos os funcionários do condomínio estão tristes pela morte do pai do motorista.

A caminho do estádio, a chuva aperta. As arquibancadas do Kasarani estão praticamente vazias. Apenas alguns assentos cobertos abrigam curiosos. Mesmo com a água na pista, as provas de atletismo estão confirmadas.

Com o auxílio de um funcionário do evento, preparo um guarda-chuva fixo no chão para proteger a câmera durante as filmagens. De repente, vem um susto: ao apertar o botão *rec*, o visor fica negro. O equipamento simplesmente parou de funcionar e não liga mais. Um correspondente sem câmera é como um cirurgião sem bisturi. O que fazer? Trouxe todo o material de trabalho do Brasil e uma reposição pode levar dias. Infelizmente, fica impossível terminar a reportagem sobre a competição dos policiais.

No caminho entre a pista de corrida e o estacionamento, há um homem branco, loiro, de cabelos longos. Ele chama a atenção em meio aos quenianos pelo contraste de pele. Entre uma foto e outra dos corredores desviando de poças d'água, o mzungu procura um teto e tira um bloquinho do bolso para fazer breves anotações.

— Olá, presumo que você não seja daqui, certo? — pergunto.

— Não! Sou de Nova Jersey, nos Estados Unidos. Prazer, Andrew Arnold.

Andrew mostra empolgação ao saber que sou um repórter brasileiro com base fixa no Quênia. Ele explica que há cinco meses sua morada é Iten, pequena cidade no interior do país e conhecida por ser a terra dos corredores quenianos.

O norte-americano é antropólogo e foi contratado por uma empresa prestigiada: a National Geographic. O cargo dele? Explorador! Acredite, existe o emprego dos sonhos. Sua missão é viver como um atleta africano até o fim dos Jogos Olímpicos, que começa em três meses, para estudar a fundo o estilo de vida deles. O trabalho dará origem a um livro.

Estou na fase final de produção de uma viagem ao interior para, finalmente, produzir reportagens sobre o universo de alguns dos seres humanos mais rápidos do planeta. O encontro com Andrew ameniza os recentes problemas com a câmera e com o pai de Willice. Mais do que isso, traz bons pressentimentos sobre a expedição a Iten.

Foi a segunda vez em duas semanas que fui ao estádio Kasarani. A primeira visita não foi a trabalho. Recebi um convite do jornal *The Standard* para jogar pelo time deles no campeonato de futebol da imprensa de Nairóbi. Por ser brasileiro, cheguei com status de craque ao maior estádio do leste africano.

Modéstia à parte, tenho lampejos de técnica apurada e um chute venenoso. Contudo, os problemas no tornozelo direito não colaboraram para que a movimentação em campo fossem, digamos, elogiável. Fizemos duas boas partidas pela primeira fase da competição, porém os dois empates conquistados nos deixaram em segundo num grupo de três equipes, em que apenas o primeiro seguia adiante.

Ao término da disputa, um cinegrafista puxou papo. Era Tom Maruko, jornalista queniano que atua como freelancer na África. De pele bem escura, a baixa estatura e um simpático sorriso formado por grandes dentes tortuosos lhe conferem uma fisionomia peculiar. Em êxtase por conhecer um colega de profissão vindo da América do Sul, ele se mostrou empolgado com a possibilidade de trabalharmos juntos em futuras reportagens.

Acabo de deixar a câmera quebrada numa assistência técnica localizada na avenida Kenyatta, a principal de Nairóbi - espécie de avenida Paulista em São Paulo, repleta de prédios altos e espelhados.

— É um problema na placa de alimentação do equipamento. Ela não consegue reconhecer a bateria e por isso não liga — explica o técnico.

Por via das dúvidas, ele pede para examinar melhor a situação.

— Vá almoçar e volte em duas horas — solicita o especialista.

No restaurante, enquanto a refeição não chega, recebo uma mensagem.

— O presidente Uhuru Kenyatta acaba de assinar a primeira lei antidoping da História do Quênia — informa via WhatsApp um dirigente da Federação Queniana de Atletismo.

A medida vinha sendo exigida pela Wada (Agência Mundial Antidoping) para liberar os corredores do país a participar dos Jogos Olímpicos do Rio. O atletismo queniano está sob os holofotes internacionais depois dos 43 casos de doping registrados nos últimos três anos.

Agora regulamentada, a lei prevê multa de aproximadamente 1 milhão de reais ou prisão de até três anos para médicos envolvidos em casos de dopagem - além de suspensão da licença profissional. O texto determina que atletas sejam punidos por quatro anos quando flagrados pela primeira vez. Para os reincidentes, a pena é de oito anos de afastamento do esporte. Em caso de uma terceira ocorrência, o infrator é banido de competições profissionais para sempre.

A notícia é uma bomba a explodir justamente no dia em que a câmera parou de funcionar. O nome de Tom Maruko me vem à mente. Preciso produzir algo sobre a homologação da lei, e o cinegrafista pode me auxiliar na gravação. Busco o contato dele na agenda do celular e, após rápida ligação, Tom aceita o trabalho.

O jornalista está terminando uma gravação sobre um grupo do projeto Médicos sem Fronteiras, num centro de meditação na zona sul de Nairóbi. Henry e eu passaremos lá para buscá-lo e, então, seguiremos direto para a sede do Comitê Olímpico Queniano, onde discutiremos a notícia com Kipchoge Keino. Atual presidente da entidade, Kip - como é chamado no esporte – é uma lenda queniana.

Considerado um dos fundadores da tradição local no atletismo, ele foi o primeiro atleta do país a ganhar uma medalha de ouro olímpica. Aconteceu nos Jogos Olímpicos da Cidade do México, em 1968, quando chegou em primeiro na prova dos 1.500 metros e ainda levou uma prata nos 5 mil. Quatro anos depois, em Munique, mais um ouro, dessa vez nos 3 mil metros com barreiras, e uma prata nos 1.500 metros.

O ídolo se aposentou em 1973, virou dirigente e criou instituições de caridade que ajudam crianças órfãs por todo o país. Solícito, ele sempre atende minhas chamadas e responde às mensagens. Claro que trabalhar para uma grande emissora brasileira – país-sede da próxima Olimpíada – ajuda, mas fato é que o mito queniano é bastante simples. Recentemente, até me presenteou com uma gravata da delegação queniana e com um pacote de iogurte produzido em uma de suas fazendas.

Tom está ansioso por conhecê-lo.

— Ele é uma lenda africana! Estou suando de nervoso — confessa.

É a primeira vez que um cinegrafista trabalhará comigo desde que aterrissei na África. A sensação de trabalhar em equipe novamente é boa. Como de praxe, Kip Keino nos recebe com educação e logo oferece um café.

— Agora vamos nos reunir na próxima semana e planejar a preparação de nossos atletas. Digo em relação àqueles que já se classificaram e aos que ainda vão se classificar para os jogos do Rio — afirma, satisfeito, o presidente do Comitê Nacional.

— Em 2015, o Quênia foi campeão mundial de atletismo, mas 2016 tem sido um ano difícil devido ao problema com o doping. Os Jogos serão importantes para ajudar a limpar a imagem do país? — questiono.

— Nós somos talentosos por natureza. Não usamos nenhum tipo de droga... Não mais — completa o mandatário.

Ao final da entrevista, Tom pede para tirar uma foto ao lado de Kip Keino e agradece ao ex-atleta por suas conquistas em nome do país. Vale destacar que o ouro de Kipchoge veio cinco anos após a independência nacional, e o feito ajudou a colocar a nova nação no mapa.

A tarde caminha para o fim e Henry estaciona o carro próximo a uma estação de matatus onde Tom seguirá sozinho a viagem para casa. Como combinado por telefone, a ajuda na gravação de hoje custou cinquenta dólares – preço inferior à média de diárias cobradas por aqui para esse tipo de serviço.

Ao receber o pagamento, Tom agradece com um forte aperto de mão. Em seguida, abre a carteira e mostra uma foto da família, formada por sua esposa e três filhos, dois meninos e uma menina.

— Obrigado, de coração. O dinheiro é para eles.

A casa dos campeões

Willice retornou de Kisii e parece conformado com a perda do pai. Na África, a relação com a morte está enraizada nas crenças culturais, tradições e religiões indígenas do continente. O pensamento é guiado pela visão dos africanos sobre a existência de algum plano após a vida na Terra e, principalmente, pela celebração da passagem do falecido por este planeta.

Os rituais e crenças sofreram alterações devido à infusão do cristianismo e do islamismo na África, além do crescente contato com a cultura ocidental. Contudo, certos temas tradicionais sobrevivem – até mesmo entre descendentes africanos em outras partes do mundo. No Quênia e em Angola, por exemplo, alguns rituais de luto pós-funeral podem durar dias.

Católica, a família de Willice dispensou tais costumes, porém carrega traços religiosos dos ancestrais, daí a aceitação mais fácil da perda. O motorista, inclusive, está animado para me ajudar em duas missões. A primeira é alugar uma nova câmera. O funcionário da assistência técnica revelou que a peça a ser trocada está em falta. Seria necessário encomendar uma nova junto a um distribuidor chinês, e o processo poderia levar meses. Por recomendação da chefia no Brasil, o aluguel de um novo equipamento é a solução mais sensata. Por sorte, o próprio cara da assistência conhece uma produtora de vídeos que pode alugar uma Canon 5D, câmera fotográfica com qualidade incrível na captação de vídeo.

A segunda missão foi dada por Marcelo França, meu chefe no Brasil. É preciso montar no apartamento um cenário para as entradas ao vivo. Por cenário, entenda-se uma composição de elementos, referentes aos lugares onde os seis correspondentes do projeto Passaporte estão sediados, colados na parede. No meu caso, participações ao vivo são possíveis apenas através do Skype e dentro de casa, devido ao sinal de internet. Chega de falar na TV com a parede vazia ao fundo.

— Conheço uma feira livre em que encontraremos o que você precisa — anuncia Willice cheio de disposição.

O local sugerido fica no bairro islâmico de Eastleigh – ou Isli, como eles falam. A área é ao lado da grande favela de Mathare, uma das maiores de Nairóbi. Mais uma vez, o cheiro azedo – fruto da mistura de lama, esgoto e fumaça, e característico das áreas mais pobres – marca presença.

Grupos se espremem em busca de um pequeno espaço onde possam vender roupas, sapatos e incontáveis tipos de artesanato. Em uma ruela de terra atrás das barraquinhas, passa um homem com a cabeça envolta num turbante, que caminha apoiado numa fina vara de bambu. Pouco à frente estão dezenas de cabras. A cena de pastoreio acontece em meio ao perímetro urbano.

Ao dar o primeiro passo dentro da feira, sou cercado por vendedores.

— Mzungu, mzungu! Dê uma olhada nos meus produtos — ofertam desesperadamente.

— Eu moro aqui, não sou mais mzungu — respondo em suaíli para surpresa de todos.

Ao fundo do grupo, percebo uma barraca cheia de quadros e objetos de bom gosto. Uma calada vendedora observa o assédio dos colegas e sorri. É com ela que montarei meu cenário.

O nome dela é Alice. A tímida comerciante explica que todas as telas foram pintadas com uma técnica diferente.

— Minha família usa facas em vez de pincéis. É um recurso que usamos aqui no Quênia para este tipo de arte tradicional — conta.

Para a parede, escolho um quadro que ilustra uma família de Masai — tribo guerreira queniana, famosa por vestir tecidos vermelhos. Uma pequena caixa feita em pedra representa o mapa do continente africano e possui uma peça removível: é o "território queniano" que, ao ser retirado, abre o compartimento. Também a levarei.

— O Quênia é a chave da África — diz a moça.

Alice guarda o dinheiro e pede para que eu abra a mão direita. Em seguida, oferece um hipopótamo de cerâmica e anuncia:

— É um presente para você nunca mais se esquecer daqui.

Willice entra na conversa e todos ao redor se divertem com seus comentários jocosos. Com o celular, filmo a cena. Já estamos de saída quando a jovem revela sua origem. Parece um chamado do destino.

— Sou de Iten, a terra dos corredores.

A missão da vez é produzir oito reportagens, ao longo de sete dias, na cidade conhecida como o lar dos campeões. O berço dos corredores quenianos é cercado de mitos e, como não sei se haverá a chance de regressar ao local no futuro, é uma oportunidade única para tentar desvendá-los.

O repórter da TV Globo Guilherme Roseguini visitou o interior queniano há quase um ano e me indicou alguns contatos na cidade de Iten. Um deles é Joseph Kipkosgei. Segundo Roseguini, o queniano exerceu a função de produtor e motorista durante os cinco dias de estadia dos jornalistas brasileiros no Quênia. Por telefone, já combinei com Joseph que trabalharemos juntos na próxima semana. O rapaz prontamente aceitou ser meu guia, além de ajudar na marcação de entrevistas. Ele também disse que fará reservas no Keellu Resort, propriedade do ex-recordista da maratona, Wilson Kipsang.

Fico animado com a iminente aproximação desse universo dos corredores. Sobre o hotel, consulto o repórter brasileiro.

— Quando fui para lá também fiquei no Keellu Resort, que de resort não tem nada. É uma hospedaria bem simplezinha, padrões do interior queniano. Muitos dos atletas que vão treinar na cidade se hospedam ali. Vale a pena ficar lá, apesar de ser luxo zero e um lugar um pouco diferente — opina Roseguini, por áudio no WhatsApp.

Sigo o conselho do jornalista conterrâneo e dou o aval a Joseph. A viagem será feita de avião, com saída de Nairóbi e chegada no aeroporto de Eldoret, quarta maior cidade do país e vizinha de Iten. Muitos atletas profissionais também vivem lá. Os dois municípios estão separados por uma estrada de 35 quilômetros e compõem a área no vale do Rift, onde se instaurou a cultura do treinamento de atletismo.

O voo é de pouco mais de uma hora e meia, com escala em Kisumu – a terra onde Willice cresceu – e o aeroporto fica ao lado do lago Vitória. Por sorte, acordo de um cochilo no exato momento em que a aeronave se aproxima da pista de pouso que margeia a água. Esfrego os olhos e me delicio com a cena.

O avião é apertado e antigo. Parece mais um ônibus com asas. Pelo combinado, Joseph estará me esperando no portão de desembarque em Eldoret.

Chegamos. É fim de tarde. Parou de chover há pouco, já que a pista de pouso está molhada. No céu, algumas nuvens escuras abrem espaço para uma discreta aparição do sol. O aeroporto é minúsculo, porém bem-cuidado.

Uma dupla de quenianos vem ao meu encontro.

— Você deve ser o Plácido, certo? — questiona o mais gordinho.

— Sim. Joseph? — pergunto, ainda sonolento.

— *Karibu* [bem-vindo, em suaíli] a Eldoret! — celebra o novo companheiro. — Este aqui é meu amigo Bernard, que nos fará companhia esta semana.

Colocamos as bagagens no porta-malas e Bernard faz sinal para que eu sente no banco da frente. Eldoret é diferente de todas as cidades quenianas que conheci até aqui. Possui certa semelhança com pequenas cidades do interior brasileiro, onde o verde se mistura ao pequeno centro urbano e sobram estradas de terra que beiram as propriedades rurais.

A dupla de amigos transborda empolgação com a minha chegada. Os dois sorriem, aumentam o volume do rádio – que toca uma música típica africana – e me enchem de perguntas.

— Você gosta de futebol? — pergunta Joseph.

— Não apenas gosto como foi um dos motivos para eu ter virado jornalista. E vocês?

— Todo queniano gosta de futebol. Preciso da sua ajuda para montar as apostas do fim de semana. Quero apostar no Campeonato Brasileiro — revela o motorista.

O ramo de apostas é promissor no país e a prática é regulamentada por um órgão do governo desde 2013. Em Nairóbi, propagandas colorem os outdoors, e os jornais trazem diariamente diferentes cotações. Já são 23 empresas licenciadas, e uma patrocina dois times da primeira divisão do futebol nacional. Um deles é o Gor Mahia, equipe do Zé Maria.

— Passei a apostar nas partidas do Brasil, principalmente depois da chegada do Zé. O problema é que não conheço os times e aí fica difícil ganhar — conta rindo.

A luz do dia está indo embora quando chegamos a Iten. O município possui cerca de 42 mil habitantes, mas a estrutura urbana parece abrigar muito menos. O centro se resume a quatro ruas com pequenos mercados, lojinhas, três postos de combustível e apenas um banco. Todo o resto é separado por longas ruas – a maioria de terra –, o que atribui um aspecto rural ao lugar. A área é repleta de pequenas propriedades familiares que praticam agricultura de subsistência. As duas entradas da cidade possuem um portal vermelho que anuncia: "Bem-vindo a Iten, a casa dos campeões".

A pouco metros do pórtico principal, encontra-se o "resort" onde me hospedarei por uma semana. Joseph é extremamente educado e faz questão de carregar toda a bagagem até a recepção do hotel – que, na verdade, é um apertado escritório com apenas um balcão e um computador.

As paredes mesclam na pintura o verde e o bege – originalmente branco, mas que agora ostenta sujeira. Feito o check-in, uma funcionária se oferece para me levar até o quarto, enquanto o motorista e Bernard aguardarão no bar ao lado da recepção.

O Keellu é um sobrado em forma de quadrado, com um hall descoberto ao centro. Minha acomodação é no segundo andar. Subimos um lance de escadas, bastante liso devido à umidade.

— Este é seu quarto. Qualquer coisa, é só chamar — avisa a mulher ao entregar as chaves.

É uma suíte extremamente simples. As paredes são revestidas com azulejos por todos os lados e há um berço cor-de-rosa ao lado da cama. O piso do banheiro está quebrado em alguns pontos e não existe tampa no vaso sanitário. As toalhas e roupas de cama são finas e gastas – deve ser resultado das incontáveis lavagens que sofreram ao longo de suas vidas úteis – e, talvez até mesmo por isso, possuem um cheirinho de limpeza característico dos lares maternos.

Deixo os equipamentos espalhados pelo quarto e desço para combinar a agenda da semana com Joseph. Existe um corredor dividindo o restaurante e o bar, de onde sai uma alta batida. Sigo as notas musicais e abro a porta. Lá está Joseph, sentado num sofazinho tomando água. O ambiente é escuro e cheio de luzes coloridas no teto. As três televisões do bar exibem uma novela brasileira dublada em inglês: *Senhora do Destino*, produção de sucesso da TV Globo, que foi ao ar entre 2004 e 2005.

— Joseph, o plano é produzir as seguintes reportagens: uma mais geral, tentando explicar pontualmente a cultura do atletismo aqui na região; outra sobre a alimentação dos corredores... — dou início à explicação.

A lista de pautas segue: tentação do doping, mulheres no atletismo, correr como forma de evoluir financeiramente na vida, além de uma entrevista exclusiva com a maior estrela queniana da atualidade: David Rudisha, atual campeão olímpico na prova dos oitocentos metros. Aliás, durante a semana, a cidade de Eldoret receberá, pela primeira vez na História, a seletiva olímpica de atletismo do Quênia. Serão dois dias de competição, com cobertura factual para o *SporTV News*. Já as outras seis reportagens serão editadas e finalizadas com mais calma, ao longo das semanas seguintes.

— Para essa das mulheres, pode entrevistar minha esposa. Ela se chama Nancy Kiprop, é maratonista e já venceu várias provas no Brasil, inclusive a Corrida de São Silvestre. Por muito tempo, ela foi a provedora da casa — conta orgulhoso.

— Joseph, isso é perfeito! Está falando sério? Estou vendo que essa parceria vai dar certo.

Parece mentira. Uma campeã da São Silvestre num estalar de dedos. Simples assim. São Silvestre, aliás, que desperta em muitos brasileiros a lembrança de Paul Tergat, lendário corredor queniano e pentacampeão da corrida brasileira – até hoje é o maior vencedor entre os homens. Atualmente, Tergat vive no Quênia, mas é avesso a holofotes. Já até consegui seu número de celular através de um repórter em Nairóbi, porém o atleta nunca atendeu minhas ligações ou respondeu às mensagens.

Pouco importa. Logo, no primeiro dia em Iten, encontrei Nancy Kiprop.

— Um brinde! — comemoro ao estalarmos os copos d'água.

Como são muitas reportagens em pouco tempo, a ideia é aproveitar as entrevistas para fazer todo tipo de pergunta. "Assim, na hora de montar os roteiros, posso usar o mesmo personagem em duas ou três matérias diferentes e a coisa vai ganhar corpo", decido.

Amanhã o primeiro compromisso é visitar um camping de atletas. De lá, seguiremos até a casa do casal para gravar a reportagem com Nancy Kiprop.

— Até amanhã, meu amigo. Foi um prazer. Passo aqui cedo para começarmos os trabalhos. Prove a comida do restaurante do hotel. É muito boa — aconselha Joseph.

De fato, o jantar é um dos melhores pratos que já provei no Quênia. Arroz branco, repolho refogado e uma tilápia coberta com molho de tomate que habitará meu imaginário por anos. Como é saborosa a tilápia do Keellu!

Já no quarto, uso todas as tomadas disponíveis para carregar os equipamentos e apago a luz. São dez da noite. De repente, a música do bar invade o ambiente sem timidez. A lista de reprodução vai dos sucessos latinos de Enrique Iglesias à rumba — tradicional ritmo africano. Logo no primeiro dia de estadia em Iten, descubro que, por volta desse horário, o bar se transforma em uma boate. Cubro a cabeça com o travesseiro e respiro fundo. Serão longas noites.

***

Como combinado, Joseph me espera no estacionamento, bem cedinho, para sairmos após o café da manhã. A refeição está inclusa no valor da diária do hotel: trinta dólares.

— A cem metros daqui, há um dos maiores campings de atletas de Iten. Lá, você poderá entender melhor a rotina de um corredor. Na hora do almoço, vamos para minha casa e gravamos com a Nancy, o que acha? — sugere o motorista.

Aceito o plano. Nessa região do vale do Rift, é comum esse tipo de acomodação. São alojamentos que oferecem uma rotina regrada aos atletas, com hora para treinar, comer e dormir. Além disso, a dieta é balanceada e preparada no próprio local por uma cozinheira.

Passo algumas horas conversando com atletas e com os italianos que gerenciam o espaço. No início da década de 1990, muitas pessoas ligadas ao atletismo vieram da Itália para a África Oriental, para encontrar e lapidar talentos. Hoje, servem também de ponte para fechar contratos publicitários e patrocínios com marcas esportivas para os atletas.

Hoje não gravarei aqui. Mesmo com o tempo apertadíssimo para produzir as oito reportagens, primeiro é preciso reconhecer o ambiente e fazer contatos. Deixo acertado para amanhã a filmagem no camping sobre a dieta dos corredores. Estarei com eles do café da manhã até a última refeição do dia, aproveitando para filmar também parte do treinamento.

Puxo o celular do bolso e envio uma mensagem no WhatsApp para Andrew Arnold, o antropólogo norte-americano que conheci em Nairóbi recentemente. Quase imediatamente ele responde. Diz que está em Iten, contudo anda ocupado, já que a seletiva olímpica de atletismo ocorre dentro de alguns dias. Andrew sugere que nos encontremos mais para o fim da semana e, evidentemente, concordo.

Passa do meio-dia quando seguimos ao encontro da campeã da São Silvestre de 2013, Nancy Kiprop, a bordo do empoeirado carro de Joseph. Os alto-falantes do veículo pulsam ao ritmo da rumba.

— Essa é minha banda preferida. É um grupo da Tanzânia — explica ele.

A batida é empolgante. Enquanto percorremos estradinhas de terra em direção à casa dele, abro o vidro e aproveito a música com o braço esquerdo para fora da janela. O vento traz o cheiro fresco da área rural. Entre duas chácaras, está a casa de Joseph e Nancy.

Abrimos o portão manual, e a maratonista já aparece para nos receber.

— Olá, bem-vindo — diz em português e abre um discreto sorriso.

Nancy compete no Brasil há nove anos e aprendeu um pouco do nosso idioma. Por causa do atletismo, ela já visitou doze países, a maioria na Europa.

— Já competi no Japão, Holanda, Espanha, França, Finlândia... — conta.

De acordo com a Federação Queniana de Atletismo, até a metade de 2016, eram cerca de 3 mil atletas profissionais no atletismo nacional. Dentre eles, novecentas mulheres. Antes dos Jogos no Rio de Janeiro, o Quênia soma treze participações olímpicas e o crescimento do esporte feminino no país fica evidenciado no retrospecto em Olimpíadas: a primeira medalha para uma queniana veio em 1996, em Atlanta; e, nas últimas cinco edições, foram treze conquistas femininas. Com destaque para os Jogos Olímpicos de Pequim, em 2008, com cinco medalhas, duas de ouro e três de prata.

O almoço está pronto. Nancy me serve um prato fundo com arroz branco coberto por vários grãos verdes, parecidos com feijão.

— Como se chama este grão? — pergunto.

— É o *ndengu*. É um alimento extremamente nutritivo. Experimente com um pouco de molho de pimenta — oferece.

A refeição é bem informal. Nada de garfo e faca. Comeremos de colher. Nada de refeição à mesa. Cada um de nós senta em um ponto dos dois sofás da sala de TV. Enquanto conversamos em meio às colheradas da saborosa comida, Joseph pergunta se quero assistir ao DVD do casamento deles. Mais do que isso, ambos começam a contar um pouco de suas histórias.

Ao longo da temporada, a maior parte das grandes competições ocorre fora do Quênia e, para uma carreira bem-sucedida no atletismo, é preciso viajar. Com isso, surge um dilema comum para as corredoras africanas: quem toma conta da casa?

— Eu trabalhava como motorista num hospital da região. Na época, a Nancy começou a se destacar em corridas locais e sentamos para comparar os salários e analisar as perspectivas dela no esporte. Depois de muita conversa, decidi pedir demissão e ficar em casa para que ela pudesse correr em nome de nossa família — narra Joseph.

Assim, em 2004, Nancy calçou o tênis e saiu para o mundo, enquanto ele calçou as botas de borracha, assumiu os compromissos domésticos e passou a cuidar do filho que, à época, tinha apenas um ano de vida. A inversão de papéis aconteceu em meio a uma sociedade ainda repleta de traços das culturas tribais e machistas.

— A vida do meu marido não era fácil naquele momento. As pessoas de Iten falam muito... Alguns valorizavam a dedicação dele, outros comentavam coisas negativas. O segredo é esquecer disso e focar no que está fazendo. Depois de um tempo, as pessoas observam os resultados e calam a boca — afirma Nancy.

— Mas é preciso ser forte — emenda o motorista.

— Realmente, exige muito do coração e do amor — finaliza Nancy, enquanto olha para marido.

Juntos há dezessete anos, o casal tem dois filhos. E o bebê do passado hoje estuda fora da cidade. A condição financeira da família também mudou e, para melhor. O atletismo exerce um papel importante na projeção feminina no Quênia.

— O trabalho que um homem pode fazer uma mulher também pode — crava a corredora.

Diariamente, por volta de cinco da manhã, vários atletas se encontram ao lado do portal de entrada da cidade e saem correndo em comboios. A escuridão do fim da madrugada é cenário para a formação de cerca de cinco grupos – uns chegam a ter mais de cinquenta corredores. Não há postes de iluminação na maioria das ruas de Iten. As rápidas passadas seguirão até o sol aparecer.

O treinamento matinal se dá com os estômagos vazios. A primeira refeição acontece logo após o término da atividade. Um a um, chegam os atletas. Alongam-se de lá, puxam daqui e começam a correr quando o céu já apresenta tons em azul-marinho. Dentro do carro, estamos no encalço dos comboios. Joseph dirige, Bernard faz comentários engraçados no banco de trás e eu abro o vidro para filmar a ação. O frio é intenso. Sem cerimônia, o vento corta o rosto. O aplicativo no celular aponta dez graus, mas a sensação térmica é de temperatura bem mais baixa que esta.

As imagens parecem vindas de um filme. Em meio a uma região montanhosa, Iten é cheia de ladeiras e imperfeições no relevo. Assim, o treino é ainda mais árduo num festival de sobe e desce.

— Acelera, Joseph. Vamos passar os grupos e esperá-los no alto do morro — peço.

Do alto, vemos os atletas descendo a estrada. A manhã já está clara. O verde dos campos disputa atenção com a suave neblina. Após quase uma hora e meia atrás dos corredores, seguimos para o camping administrado pelos italianos e por Joseph Cheromei, corredor queniano aposentado e, agora, treinador e gerente do local.

— Será um prazer abrir as portas do nosso alojamento para você registrar as refeições dos atletas daqui. Temos uma cozinheira de mão-cheia: Mama Rose — apresenta Cheromei.

"Mama" é o apelido dado para Rose Kangogo, mulher de 54 anos que trabalha no camping há sete.

— A mãe é a pessoa que toma conta e está perto dos filhos. Para nós, a Rose é a mesma coisa — afirma Victor Chumo, um dos oito atletas que vivem no alojamento.

A gorducha senhora de cabelo curto possui um sorriso tímido e carinhoso. Em menos de um minuto de conversa, ela confirma a característica que lhe rendeu a alcunha maternal.

— Você parece estar com fome. Vou preparar um chá com leite quentinho. Daqui a pouco sai o pão fresco.

O café da manhã dos corredores é por volta de nove horas, e essa é a típica combinação matinal: chá com leite e pão com manteiga.

O almoço ocorre à uma da tarde, e o cardápio de hoje é rico em carboidratos. Arroz, feijão e batatas cozidas. Os corredores comem carne apenas quatro vezes por semana. Alimentos gordurosos passam longe daqui.

— Eles não conseguirão correr se estiverem pesados. Por isso comem tantos carboidratos — conta Mama Rose.

Depois do almoço, enquanto os atletas cochilam, a cozinheira não descansa. Primeiro, lava toda a louça; depois, tira o avental para caminhar até uma vendinha na entrada da cidade em busca de legumes e frutas. Tudo é colhido nas fazendas da região, sem uso algum de agrotóxicos. Pergunto se posso acompanhá-la nas compras.

— É claro que sim. Não ando tão rápido quanto os meninos — brinca.

Durante a caminhada, a queniana diz, orgulhosa, que trabalha todos os dias da semana. Folgas só existem quando os "garotos dela" estão viajando para competir.

Às quatro da tarde, os corredores partem para o segundo treino do dia. Assim que retornam, por volta das cinco, é hora do lanche. Frutas e pão os aguardam, além de mais uma rodada de chá com leite.

A chegada dos primeiros atletas ao camping indica que é hora de iniciar o preparo da comida mais tradicional do Quênia: ugali. O prato é um dos elementos míticos que rondam os corredores quenianos. Há quem diga que o alimento é o segredo deles. Mama Rose acende uma fogueira com carvão na área atrás da cozinha. Numa panela grande de ferro, ela coloca bastante água e acrescenta, paulatinamente, pequenas porções de farinha.

— Toma, sua vez de mexer — oferece ao estender a colher de pau para mim.

A tarefa é tranquila no início, porém aos poucos a massa fica mais consistente. De repente, se torna dura como uma pedra, e meu movimento circular trava. É preciso força nos braços para continuar. Tento mais um pouco, contudo ela percebe que estragarei o jantar e, aos risos, pede de volta a colher.

Os oito atletas que vivem no alojamento já estão de banho tomado e aguardam na sala ao lado da cozinha. Uma pequena TV de tubo exibe o noticiário enquanto eles conversam sobre o treino de hoje.

O sol já baixou e o frio está de volta. Para disfarçar a baixa temperatura, Cheromei improvisa uma lareira com carvão. Em seguida, vem a notícia de que o ugali está pronto. Falta refogar os legumes comprados mais cedo.

Minutos depois, Mama Rose serve o jantar, pontualmente às oito da noite, como ocorre todos os dias.

— É hora do ugali! — comemora um dos corredores.

Enquanto os rapazes montam os pratos, a cozinheira para e observa a cena por algum tempo. Logo em seguida, volta para a cozinha. Eu a sigo para buscar meus equipamentos e partir para o hotel. Antes disso, faço uma última pergunta:

— A senhora é feliz aqui?

— Exerço um bom trabalho para eles. Eu me sinto muito bem quando os vejo na televisão ganhando provas. Faço parte das conquistas.

O tempo é decisivo nas pistas e na cozinha. As vitórias não são por acaso. Tudo é planejado, e a cada nascer do sol começa tudo outra vez.

Há algo diferente aqui

O vale do Rift é uma região de 5 mil quilômetros de extensão, que vai do norte da Síria ao centro de Moçambique, formada há 35 milhões de anos depois da separação entre as placas tectônicas africana e arábica. Teorias garantem que, no futuro, a falha geológica dividirá a África em duas partes. Enquanto esse dia não chega, o vale, em sua área queniana, é um grande polo rural e faz do país um bom produtor de chá, trigo e milho.

Iten é, acima de tudo, um lugar tranquilo. São pouco mais de 40 mil pessoas vivendo numa cidade a 2.400 metros de altitude. O ar puro do campo contrasta com a poluição da capital. Vai além. A atmosfera aqui é pacata a ponto de, no centro, sapateiros ficarem em pé para treinarem o raciocínio rápido numa partida de damas. A cena sempre acontece durante o horário comercial.

No fim de semana, nada de shopping. A área central fica repleta de barraquinhas que vendem de tudo. De sapatos a ervas medicinais como, por exemplo, a *tangaratwa*. São galhos secos cujo chá cura dor de estômago, resolve problemas de pele e até malária – garantem os vendedores.

O tempo aqui parece passar devagar. A internet não funciona em boa parte da cidade e não se vê pessoas mexendo no celular a todo momento. O lugar é perfeito para atletas fugirem das tentações urbanas e focarem em sua rotina de treinamento.

Toda a filosofia queniana de atletismo passa pela escola secundária Saint Patrick, instituição de ensino só para meninos criada por missionários irlandeses em 1961. É lá que vive um dos grandes responsáveis pela criação da metodologia de treinos dos corredores quenianos. Colm O'Connel, mais conhecido como Brother Colm, chegou ao Quênia em 1976 e decidiu permanecer. Preciso entrevistá-lo, e Joseph garante que ajudará na missão:

— Eu o conheço pessoalmente. Amanhã cedo, passo lá na escola para marcar a entrevista e busco você depois para gravarmos — diz com segurança.

— Ok. Te espero na recepção do hotel por volta de dez da manhã.

— Ele será importante no seu trabalho. Brother Colm é uma lenda no Quênia — encerra Joseph antes de partir.

Entro no restaurante do Keellu Resort e, antes que eu pense em dizer qualquer coisa, sou abordado por uma das atendentes.

— Já sei. Para o jantar, vai querer a tilápia com molho de tomate, repolho refogado e arroz. Certo? — pergunta rindo.

Pode parecer precoce, contudo já me sinto em casa em Iten.

O canto dos galos antecipa o despertador. Vencido pelo relógio da natureza, deixo os lençóis e vou direto ao banheiro, cheio de trincas nos azulejos, para uma ducha matinal. Em seguida, desço para o restaurante e sou saudado pelas simpáticas funcionárias. O calor do café preto ainda desce pela garganta quando Joseph aparece. Ele cumpriu a promessa e marcou a entrevista com Brother Colm.

Antes da hora do almoço, ao som da rumba no carro do motorista, passamos pelo portão da escola Saint Patrick e viramos à esquerda rumo a um conjunto de seis casas. É lá que mora o irlandês mais queniano de todos. Sobre um pequeno lance de escadas, em frente à porta principal de sua residência, está um senhor baixinho, de cabelos brancos e pele avermelhada de tão clara. Após uma ajeitada nos óculos, Brother Colm nos cumprimenta.

— Bom dia! Quer dizer que temos um brasileiro entre nós? — brinca o missionário.

O aperto de mão é forte. Mostra a firmeza do homem que aceitou vir para a África quatro décadas atrás.

— A escola Saint Patrick solicitou para nossa congregação na Irlanda mais dois padres no *staff*. Eu vim como um professor regular. Já possuía uma bagagem esportiva no meu país. Quando jovem, pratiquei esportes irlandeses e havia sido treinador de futebol.

Em 1976, ano da chegada dele a Iten, o Quênia ainda não era uma potência no atletismo como é hoje. Pelo contrário, o cenário esportivo por aqui era incipiente. Temente a Deus, Brother Colm acredita no destino:

— Fui apresentado ao atletismo muito rapidamente. Na verdade, um dia depois da minha chegada houve uma competição em Eldoret para escolas secundárias. Mas, lembre-se, eu tinha acabado de chegar. Então levou um tempo até me encontrar e entender onde estava — conta.

Ele estava em uma cidade de grande altitude. De crianças que costumam andar longas distâncias de casa para a escola. Lar de uma das 42 tribos quenianas: os kalenjin, conhecidos pelo biotipo esguio e atlético. A etnia representa 12% da população nacional e, simplesmente, 80% dos 3 mil corredores profissionais do país atualmente. Brother Colm observou o cenário à sua volta e desenvolveu uma filosofia de treinos.

— Lentamente, comecei a colocar em prática o que você pode chamar de "sistema queniano". E acho que é por isso que ele funcionou. Porque era um sistema feito na África e para africanos.

Não foi um sistema imposto. Não foi uma solução europeia para os problemas daqui. Eles ainda treinam nas ruas sujas. Eles não estão tão interessados em facilidades sofisticadas — afirma com um discurso apaixonado.

Àquela altura, o atletismo era visto por muitos jovens como uma maneira de projetar a imagem do Quênia. Desde a independência, em 1963, o esporte tem sido importante para o país, tanto que, coincidentemente, a primeira medalha olímpica queniana veio em 1964, um ano após deixar de ser uma colônia britânica.

A entrevista é longa, dura quase uma hora e meia. Pergunto sobre todos os temas relevantes ligados às pautas em produção: doping, dieta dos corredores, aumento do número de mulheres no atletismo e assim por diante. Me sinto numa aula. Afinal, estou frente a frente com o senhor chamado de "padrinho do atletismo queniano".

Aos 67 anos, Brother Colm é constantemente procurado por jornalistas de todo o mundo para falar sobre a rotina de treinamentos criada por ele. Aliás, já perdeu as contas de quantos corredores treinou, mas entre eles está Nancy Kiprop, a esposa de Joseph, e David Rudisha, campeão olímpico e recordista mundial dos oitocentos metros. O orgulho dele em relação ao maior pupilo é quase paternal. Ao fim da entrevista, Colm O'Connel me propõe tomar chá com leite e ver televisão.

— A BBC preparou um documentário sobre David [Rudisha] e eu gravei na semana passada. Sente-se e assista comigo — convida antes de levar a xícara à boca, sem tirar os olhos da TV.

O estereótipo comum do Quênia é de um país cheio de problemas econômicos, onde todos sabem correr. Em 2016, o PIB, um dos principais medidores econômicos de uma nação, ocupa a 72ª posição no ranking mundial e realmente está bem abaixo de países como o Brasil, o nono na lista.

Já quanto aos famosos atletas, são só 3 mil profissionais numa nação com aproximadamente 44 milhões de habitantes. É uma minoria. Metade deles está concentrada no vale do Rift, especialmente em Iten e Eldoret. Corredores de elite são apenas vinte: oito de pista e doze maratonistas.

Quero explicar, por meio de uma reportagem, como é a realidade econômica dos atletas quenianos. É possível, de fato, subir na vida através do atletismo?

Brother Colm me passou alguns números interessantes. Um corredor de ponta no Quênia chega a ganhar na faixa de 3,5 milhões de reais por ano. O montante representa 840 vezes mais que 43% da população nacional. Realmente, um atleta bem-sucedido pode ter uma vida bastante acima da média.

No atletismo, são cinco principais fontes de renda: prêmios por vitória em competições, patrocínio, pagamento por participação nas corridas, bônus em caso de quebra de recordes e, no caso dos corredores de elite, ainda tem o dinheiro de publicidade.

Para uma criança nascida nesta região do Quênia, de modo geral, as chances profissionais não são variadas. Muitas escolhem servir as Forças Armadas ou trabalhar na polícia. A maioria segue trabalhando na agricultura – seja ela familiar ou não. Outros partem para o ramo dos matatus ou abrem pequenas lojinhas. O atletismo é um dos poucos caminhos para quem sonha ser rico aqui nesta área. Para os que se dão bem na carreira esportiva, é possível adquirir propriedades e investir em ramos distintos. Já os atletas medianos necessitam continuar trabalhando em outros setores menos nobres depois da aposentadoria no esporte.

Um dos personagens da reportagem será Wilson Kipsang, ex-recordista mundial da maratona e dono do local onde estou hospedado. Por sinal, estamos tomando café no hotel dele quando Bernard, o amigo de Joseph, sugere outro ponto de vista para a matéria.

— Conheço um homem que foi atleta, largou o esporte devido a uma lesão e hoje é um fazendeiro bem-sucedido — revela o rapaz que, assim como Joseph, também trabalha como motorista.

— Parece uma boa história. Qual o nome dele?

— William Koila. Corria os oitocentos metros, assim como Rudisha, e agora é dono de uma fazenda em Eldoret.

Bernard, então, liga para o colega. Uma rápida conversa em suaíli e pronto: William topa gravar. Melhor ainda. Podemos ir até sua casa hoje mesmo. O calendário apertado agradece.

A propriedade dele fica a trinta minutos do Keellu Resort. Ao chegarmos lá, William abre, sorridente, a principal porteira de acesso. Destaca-se na paisagem um trator levemente inclinado ao lado da casa do proprietário.

— Faz parte da decoração. Foi meu primeiro trator, e fiz questão de deixá-lo ali para nunca esquecer da minha trajetória — enuncia o ex-corredor.

William Koila chegou a correr ao lado de Joaquim Cruz, lenda do atletismo brasileiro, e tem guardada uma foto que tirou com ele.

— Olhe como nós éramos novos — diverte-se.

O queniano quase disputou a Olimpíada de 1996, em Atlanta, mas uma lesão no joelho o obrigou a mudar de rota aos 26 anos.

— Decidi que a vida não acabaria ali, até porque correr não é tudo — explica.

Ele pertence à etnia masai, que tradicionalmente mede a riqueza de um homem através de suas cabeças de gado. No passado, a tribo não usava nenhum tipo de moeda, todo tipo de negócio se dava por meio de trocas ou ofertas de animais.

Adepto do estilo de vida ocidental, William precisava de uma solução econômica, já que não juntou tanto dinheiro na breve carreira. Então, resolveu investir no plantio de trigo e milho, e passou a criar cabras. Hoje, é considerado um agricultor de médio porte.

Antes de começar a entrevista oficial, por assim dizer, ele nos leva para uma volta a pé. Pretende nos mostrar seu gado – o que, em termos de imagens, será ótimo para a reportagem. No caminho, ele para e aponta para uma paisagem distante, próxima à linha do horizonte.

— Está vendo aquele morro? Espero que você consiga guardar dinheiro suficiente para voltar aqui, comprar aquela terra e fazer um hotel pra mostrar pros estrangeiros como o Quênia é bonito.

— Podemos ir lá?

— Hoje não... É longe. Talvez em uma próxima visita.

Feita a gravação de William ao lado de seus bois e vacas, voltamos para a casa dele. Sua esposa nos espera e convida para fazermos um lanche antes de seguirmos com o trabalho. Como de costume, é servido chá com leite para beber. Para comer, ela preparou *chapati* – espécie de pão bem fininho, semelhante ao pão sírio, e bem tradicional na África Oriental.

Já ia levando a comida à boca quando sou surpreendido.

— Vamos rezar — pede Joseph.

Ele, Bernard, William e sua esposa, a única em pé, estão de olhos fechados. A mulher, aliás, é a responsável por puxar a oração de agradecimento pela refeição. O discurso é feito em inglês, numa clara tentativa de me incluir na ação. Sem graça, também fecho os olhos.

— Amém — encerra a dona da casa.

Como numa largada de atletismo, todos disparam em direção... à comida! Ao final do lanche, ofereço ajuda para levar a louça para a cozinha. O trio masculino ri.

— Obrigado, mas aqui no Quênia são *elas* que fazem isso — explica William Koila, ao envolver a esposa num abraço.

— Tenho que dizer... Há algo especial aqui — revela Andrew Arnold, apontando para o imenso buraco adiante.

Estamos sobre uma mureta que alerta para o início de um despenhadeiro, ainda na área do hotel Kerio View. Nos moldes de um hotel fazenda, com chalés e muita mata preservada, a hospedagem é um dos principais pontos de encontro das pessoas envolvidas com o atletismo em Iten – além de possuir uma das mais belas vistas quenianas que vi até agora. Daqui é possível observar a pequena cidade envolta por verdes colinas que se perdem no horizonte.

O local da entrevista foi sugerido pelo próprio antropólogo norte-americano. A seletiva olímpica diária de atletismo acabou há algumas horas e, hoje, uma sexta-feira, é meu penúltimo dia no interior do país. Domingo regressarei a Nairóbi, e o papo com Andrew era uma das prioridades na lista de tarefas desta semana para tentar desvendar os mistérios dos corredores quenianos. Sinto, desde o episódio da câmera quebrada, que o jovem será importante na missão.

A claridade invade o quarto do Keellu Resort. É hora de levantar para acompanhar um dia histórico no esporte do Quênia. Berço dos corredores, a região de Iten e Eldoret anda na expectativa pela primeira seletiva olímpica fora da capital. As provas começam pela manhã no estádio Kipchoge Keino, em Eldoret, e 250 atletas disputam aproximadamente cinquenta vagas para os Jogos Olímpicos do Rio.

Hoje, Joseph passa o volante para Bernard e resolve ficar no banco de trás puxando papo.

— Olha o trânsito pesado. O estádio estará lotado! — vibra o marido de Nancy na chegada à cidade vizinha.

Quase 10 mil pessoas competem por espaço num local com assentos para metade disso. A solução encontrada é se aglomerar em barrancos ao redor da pista de atletismo, separados por um alambrado que divide o público de atletas e imprensa.

Entre as competidoras, a maior preocupação em relação aos Jogos Olímpicos brasileiros é a zika. Transmitido por mosquitos, o vírus pode causar microcefalia em fetos durante a gestação e tem se alastrado Brasil afora – para terror da mídia estrangeira, que veicula diariamente notícias sobre o assunto.

— As pessoas continuam vivendo no Brasil e tudo está tranquilo. Só quero ir lá para fazer o meu trabalho e depois voltar para casa. Sei que tudo estará ok — afirma Betsy Saina, corredora que se classificou na prova dos 10 mil metros feminino.

Ao todo, são quinze modalidades diferentes em disputa. Beirando a pista estão jornalistas quenianos, italianos, ingleses e eu, único representante sul-americano. Muitos repórteres locais puxam conversa, e cinco deles pedem para registrar o encontro comigo com uma foto. Dois estudantes de jornalismo ficam ao meu lado e fazem muitas perguntas sobre a profissão.

Para gravar a passagem da matéria, decido passar para o lado do público e peço para que um dos seguranças abra um dos portões de acesso às arquibancadas. Eles observam com estranheza, porém atendem ao pedido.

— Com licença... Desculpe... Com licença... Só um segundo... — repito, enquanto avanço valiosos centímetros até um ponto vazio em meio à multidão.

Posiciono o tripé, plugo o microfone, ligo a câmera e começo a falar em voz alta:

— A primeira seletiva olímpica do atletismo queniano, realizada na região conhecida como o berço dos corredores, foi um sucesso de público. Diferente da capital Nairóbi, em que muitos preferem o futebol, aqui no interior o atletismo é a paixão número um — encerro a passagem sob olhares desconfiados.

Pronto, é momento de voltar para o lado dos jornalistas. Ao passar novamente pelo portão, noto a presença de Andrew Arnold num cantinho da área de imprensa, escrevendo num pequeno bloco de notas.

— Até que enfim nos encontramos — digo.

— Meu amigo brasileiro. Bom vê-lo! Como tem sido sua semana em Iten? — pergunta o antropólogo.

Ele nasceu no mesmo ano que eu, 1989, e após quase seis meses na África mostra-se um profundo conhecedor da rotina cultural local. A boa prosa só é interrompida durante as provas dos atletas.

— Podemos gravar a entrevista no fim da tarde de hoje? Preciso enviar para o Brasil a reportagem sobre a seletiva e depois estarei livre — sugiro.

— Combinado. Gravaremos num cenário fantástico: o hotel Kerio View. Resolva suas coisas e nos encontramos lá às cinco e meia, tudo bem?

— Fechado — sacramento.

O diálogo acontece momentos antes de David Rudisha, a grande estrela queniana, despontar na pista para delírio dos espremidos torcedores. Até um helicóptero, que sobrevoa o estádio, parece parar para assistir ao ídolo.

Ao final da seletiva, tenho pressa para voltar a Iten, montar a reportagem, enviá-la e seguir para a entrevista com Andrew.

O relógio marca duas e meia quando encontro com Joseph e Bernard, então entramos no carro. O último, aliás, percebe que minha pele está avermelhada, vítima do forte sol da manhã queniana. Ele, então, aponta para o meu braço.

— Se quiser trocar de pele comigo, eu aceito — comenta rindo.

— Como assim?

— Deve ser uma sensação divertida ter a pele queimada pelo sol. Sabe... Podemos encontrar uma esposa para você. Sua família viria para cá e, assim, seríamos uma comunidade.

Levo na brincadeira e dou risada. Porém, percebo que ele não sorri. A ideia é séria. Digo que é um bom plano, viro para a janela do carro e, em silêncio, observo a paisagem rural, que beira a estrada.

Chegamos ao Keellu Resort com o prazo apertado para o envio da matéria. Ela só será exibida na edição da noite do *Spor*TV *News* — em aproximadamente doze horas, devido ao fuso diferente. Mas, além da entrevista com Andrew, tenho que adiantar a montagem de outras matérias antes de retornar a Nairóbi. Para amanhã, meu último dia em Iten, consegui marcar – por intermédio de Brother Colm – uma entrevista exclusiva com David Rudisha. Algumas horas de estudo sobre o principal atleta nacional se fazem necessárias.

Subo correndo as escadas do hotel rumo ao quarto. Jogo os equipamentos sobre a cama e o chão. Ligo o computador e descarrego os arquivos do cartão de memória no notebook. De repente, um susto.

Sabe-se lá por que razão, o áudio do microfone de mão, o principal na captação, não está funcionando no trecho da passagem. A qualidade do que foi gravado pela câmera é inutilizável. Respiro. Inspiro, expiro, inspiro... Já sei: dublarei minha própria fala.

Assisto ao vídeo da passagem no meio da torcida algumas vezes para perceber, ao certo, a velocidade de fala e a entonação nas palavras.

Plugo o microfone na câmera, sento na cama e gravo cerca de vinte vezes o texto gravado horas antes no calor do momento. No programa de edição, vou sincronizando o áudio ao vídeo e recortando os trechos que melhor se encaixam. Loucura ou não, a ideia "Frankenstein" parece ter funcionado. Ainda coloco ao fundo, bem baixinho, um som da torcida captado em outro momento durante a seletiva.

Aperto o play e gravo o trecho com o celular para enviar a alguns amigos no Brasil — sem dizer nada, é claro. Se notarem algo, é porque o plano falhou. Minutos depois, começam as respostas:

— Ficou legal. O que queria mostrar?

— Boa, moleque! Foi legal a seletiva?

— Caramba, estava cheio lá, hein?

Entre as mensagens, não veio nenhum "esse áudio está estranho". Portanto, ao melhor estilo dublador de filmes da *Sessão da Tarde*, envio o arquivo para o Brasil pela internet. Vida de correspondente tem dessas pegadinhas.

O hotel Kerio View fica próximo ao Keellu. Na verdade, nada em Iten é longe. Para chegar ao lugar sugerido por Andrew, basta dobrar à esquerda saindo da hospedagem em que estou, seguir adiante por alguns metros até chegar ao portal de entrada do município e, em seguida, virar à direita. Então é só continuar reto por uma estrada de terra. A menos de um quilômetro, chega-se à mais requintada acomodação da cidade.

— Olá, sou jornalista e marquei uma entrevista com Andrew Arnold — apresento-me ao porteiro do hotel.

— Aquele loirinho, né? Pode seguir. Ele está no restaurante — informa o funcionário.

Joseph estaciona o carro e garante que vou gostar do lugar. Para ele, o Kerio View reúne o que o país tem de melhor: a beleza natural e a tranquilidade das pessoas.

Realmente, tudo aqui é muito bem-cuidado. São casinhas de estilo bem rústico, parecidas com pequenas cabanas, porém com muito bom gosto. É maior também o número de mzungus na área, sendo que a maioria trabalha direta ou indiretamente com o atletismo, segundo o marido de Nancy. São agentes, treinadores, estudiosos... O restaurante fica num sobrado grande e de madeira, ao melhor estilo casarão de campo. Cinematográfico de tão impressionante.

Há um hall em frente à porta com mesinhas e área de fumante. Estou sem palavras. Congelo, estarrecido ao me deparar com a vista daqui. Mais abaixo, seguindo por uma trilha feita com concreto, há um deque de madeira.

— Sabia que iria gostar — Andrew interrompe o silêncio, ao me encontrar e notar o semblante de perplexidade. — Vamos descer e gravar lá no mirante antes que escureça — completa.

Ao final da trilha fica um mirante, protegido por uma mureta. De lá, é possível admirar toda a beleza do vale do Rift. Lotes bem delineados acomodam espalhadas árvores e casinhas, até beijarem os pés dos morros. Lá longe há uma lagoa, pequena a olho nu. O cenário esverdeado segue até se fundir à brancura das nuvens.

O jovem de Nova Jersey anota tudo o que vê no inseparável caderninho que carrega consigo. Tenta entender o fenômeno humano que acontece aqui.

— A natureza da minha pesquisa é etnográfica. Estou aqui como antropólogo numa tentativa de estudar um grupo de pessoas. Um grupo bastante único de pessoas — discursa ao responder à primeira pergunta da entrevista.

Andrew está apaixonado pelo Quênia. É fácil constatar isso através de sua fala. A experiência africana o tocou. O semblante calmo revela compreensão.

— Acho que minha maior conclusão é a de que quando se tem um espaço... Em que uma pessoa pode ingressar... E lhe é dado todo o necessário para que ela seja bem-sucedida e, além disso, existe também um profundo sentimento de fé e esperança no que se possui, é aí que vemos algo excepcional. Então, aqui no Quênia, existe um espaço onde esse fenômeno pode se manifestar. Mas a única razão para que isso aconteça é por causa da fé, da esperança e do trabalho duro dos corredores — finaliza.

O ensolarado dia está no fim. Como esperado, a entrevista foi esclarecedora e importante para a conclusão das reportagens sobre Iten.

De volta à simplicidade do Keellu Resort, passo pela guarita de segurança e me despeço de Joseph. Antes de subir para o quarto ou tomar a cerveja de fim da labuta, paro na grade que limita a fachada do hotel e observo a estrada não asfaltada, logo à frente.

Vem chegando um ônibus escolar. Ele passa cheio de crianças que voltam para suas casas após uma semana de estudos. Surgem sorrisos, acenos, e os olhos delas brilham inocentemente.

— *Hi, mzungu!* — saúdam felizes, antes de rapidamente seguirem seus destinos deixando um rastro de poeira.

Sinto correr pelo corpo uma enorme satisfação. Acho que compreendo Andrew. Compartilho do sentimento dele por esse transformador pedaço de terra.

Capítulo 6
Outras terras

A Miami africana

Antes de deixar o solo brasileiro, o conselho da chefia do SporTV era claro: "Mapeie o continente africano. Qualquer pauta interessante em um dos 54 países pode ser feita, desde que se justifique". Sem dúvida, um dos grandes atletas africanos do período pré Jogos Olímpicos brasileiros é Chad le Clos.

O nadador sul-africano venceu a lenda Michael Phelps nos jogos de Londres, em 2012, na prova dos duzentos metros borboleta e, mesmo após o ouro, rejeitou propostas para treinar no exterior. O jovem de 24 anos ainda vive na cidade onde nasceu: Durban, situada no litoral índico e terceiro maior município da África do Sul.

Através do núcleo de produção do canal, no Rio de Janeiro, conseguimos marcar uma entrevista exclusiva com o campeão olímpico. A empolgação é grande por conhecer outro país do continente, ainda mais se tratando da "Miami africana", como vendem os guias de viagem.

Quase sete horas de um voo tranquilo, saindo de Nairóbi, e lá está Durban. Um lugar cheio de carros luxuosos e construções modernas. A orla é muito bem-cuidada e se assemelha a cidades turísticas do Brasil como, por exemplo, a capital fluminense.

Diferente do Quênia, onde a população é formada quase integralmente por negros, pessoas de diferentes etnias e credos caminham lado a lado por aqui. Durban, aliás, é a cidade com mais asiáticos em toda a África e concentra o maior número de descendentes indianos fora da Índia. Isso se reflete na variedade cultural, gastronômica e religiosa da província de KwaZulu-Natal, onde se encontra a terra natal de Chad le Clos.

Em 25 de dezembro de 1497, o navegador português Vasco da Gama estava a caminho da Índia quando aportou na cidade e a batizou de "Natal", devido à data do feito. O nome atual veio quase três séculos depois, durante a colonização britânica, em homenagem ao general Sir Benjamin D'Urban.

O hotel em que ficarei pelos próximos quatro dias segue um padrão tipicamente internacional.

— É sua primeira vez na África do Sul? — questiona a recepcionista.

A identificação pregada no blazer preto da moça exibe um nome curioso: "Lady Love" ["Senhorita Amor", na tradução para o português]. De fato, ela faz jus ao sugestivo significado. Atenciosa, a funcionária, magra, negra e de cabelo curto, diz que conhece um taxista de extrema confiança para me guiar na cidade.

— O nome dele é Morgan. É um homem extremamente correto e conhece muito bem Durban. Ligarei para ele vir buscá-lo quando for iniciar seu trabalho — avisa.

O baixinho Morgan aparece no saguão do hotel trajando uma despojada camisa de mangas curtas e com botões abertos na altura do peito. O rosto amigável carrega um já grisalho bigode e olhos grandes. Ele é um dos tantos filhos de indianos que nasceram em Durban.

A entrevista com Chad le Clos se desenrola bem. O nadador, integrante da comunidade branca do país, esbanja simplicidade, a ponto de me convidar para um almoço com sua família num clube próximo.

— O dono do restaurante é pai de uma ex-namorada minha. Até hoje o tratamento lá é diferenciado — diverte-se o ídolo sul-africano. — Vamos lá com a gente e peça para seu taxista buscá-lo depois — oferece.

Não é todo dia que se almoça com um campeão olímpico internacional, então embarco no convite. A família Le Clos está ansiosa para visitar o Brasil. O pai de Chad, Bert, é do tipo fanfarrão e, entre as muitas piadinhas, aproveita a refeição para pedir conselhos turísticos a respeito do Rio de Janeiro. Retribuo a pedida sobre lugares a conhecer em Durban.

— Vá neste restaurante e diga que é nosso amigo. Eles têm o melhor *steak* do país — garante Bert ao entregar um papel com o nome do local.

Com a xícara do cafezinho digestivo já vazia, nos despedimos e desejo sorte a eles.

— Espero que aproveite nossa cidade — diz Chad, antes de ser abordado por alguns fãs sedentos por uma foto.

Para justificar a ida até a África do Sul, coloquei como meta produzir mais duas reportagens ao longo da estadia. A sorte contribuiu com uma delas. Bem no dia da chegada ao país, o sorteio da competição olímpica de futebol colocou brasileiros e sul-africanos no mesmo grupo, tanto no feminino, quanto no masculino.

Os jornais impressos do dia seguinte ao chaveamento trazem o ponto de vista daqui, e isso é um prato cheio para um debate no Brasil. Será que ainda somos vistos como o país do futebol? Seria fácil responder o que eles pensam, se não fosse pelo fato de todas as publicações estarem escritas em zulu, idioma mais falado nessa região da África do Sul. São sete as línguas faladas em Durban: zulu, inglês, xhota, africâner, ndebele, sesoto e sepedi – por ordem decrescente de relevância local.

Com três jornais espalhados na bancada da recepção, Lady Love se propõe a traduzir para o inglês as reportagens referentes ao confronto contra o Brasil. Cuidadosamente, ela escreve palavra por palavra numa folha sulfite. O agrado é tão bem-feito, que decido guardar o papel como lembrança da experiência africana e símbolo da generosidade de alguns.

A outra reportagem será sobre o estádio Moses Mabhida, construído para a Copa do Mundo de 2010 e que carrega o nome de um dos grandes militantes contra o apartheid – regime político de segregação racial que vigorou na África do Sul entre 1948 a 1994, em que a minoria branca possuía privilégios legislativos em relação à maioria negra.

A construção ostenta um vultuoso arco de 106 metros de altura em formato de Y, simbolizando a união entre brancos e negros convergindo num só povo. O arco, inclusive, é o mote da matéria.

Passada a Copa, a administração do local viu nele a chance de continuar recebendo visitantes e inaugurou um *bungee jump* lá de cima, o maior do mundo no estilo *swing*, registrado pelo *Livro dos Recordes*, em 2011.

— Morgan chegou — avisa Lady Love pelo telefone do quarto.

Coloco no banco de trás a mochila com o microfone e uma câmera GoPro – para registrar a visão durante o salto –, além do bilhete de entrada para o passeio. No caminho, já mais à vontade, o filho de indianos conta um pouco sobre sua vida.

Taxista há 36 anos, Morgan teve uma infância difícil em Durban. Foi uma criança violenta e fez partes de gangues. Por incentivo dos pais, começou a trabalhar logo aos onze anos como *caddie* – pessoa que transporta a bolsa com os tacos de um jogador de golfe – para ajudar a família, formada pelo pai, a mãe e mais quatro irmãos.

A fé o ajudou. Não tem religião, contudo acredita em algo além do palpável. Sonha com o dia em que fundará uma igreja: a "Vigie and Morgan Ministery".

— Vigie é minha esposa. A igreja é nosso plano para ajudar os menos afortunados. As pessoas precisam crer em algo, sabe? Acreditar que a vida tem como melhorar. Seria nosso legado.

Os olhos marejados confirmam a emoção do discurso. O aplicativo de localização aponta que estamos próximos do estádio Moses Mabhida quando Morgan pergunta se pode desviar a rota só um pouco para buscar um amigo.

— Conheci o James trabalhando como motorista. Há três anos, ele perdeu a esposa e, como não tem filhos, é um cara muito sozinho. Aprendo muito com as histórias que ele conta — revela Morgan.

Ao menos três vezes por semana, o taxista passa na casa de James, um senhor quase albino de oitenta e tantos anos. O plano é dirigir sem um destino certo, apenas para conversar e fazer companhia ao amigo.

O senhor mora a apenas algumas quadras do estádio, e resolvo descer do carro e ir andando para sentir a movimentação da área. A felicidade da caminhada só é interrompida quando descubro que os saltos de bungee jump foram cancelados devido à realização de um jogo do Campeonato Sul-Africano de futebol, entre Orlando Pirates e Golden Arrows.

A partida foi remarcada de última hora – no dia anterior, para o dia de hoje –, e eu não tinha visto nada a respeito. Conclusão: nada de reportagem aventureira. Por outro lado, assistir a um jogo do Pirates, time mais tradicional no país, ainda mais num estádio de Copa do Mundo, não é o pior dos cenários.

O ingresso é barato e, se não posso pular da cobertura do Moses Mabhida, vou me juntar à multidão de torcedores. Mesmo com o agendamento repentino do jogo, as arquibancadas possuem um bom público.

Um detalhe chama a atenção. Entre todos os presentes, sou o único que não é negro. O esporte na África é um dos filtros sociais mais evidentes. Críquete e rúgbi são os esportes dos brancos, enquanto o futebol reúne a população negra.

Muitos observam como se estivessem espantados com a minha presença. O discurso de igualdade é bonito. A ideia de união do arco do estádio é inspiradora. A realidade, contudo, mostra um país ainda dividido em cores.

***

Morgan espera no carro do lado de fora do estádio. O roteiro inclui uma breve passada pelo hotel, para buscar o resto da bagagem e tomar um banho, e termina no aeroporto. A última noite em Durban será vendo aviões decolando e pousando. Tudo para economizar a diária de uma hospedagem a mais, já que o voo para Nairóbi é às duas da manhã.

Bato uma foto junto ao motorista indiano, que se despede com um abraço.

— Espero que consiga abrir sua igreja, Morgan.

— Faremos o possível. Volte em segurança para o Quênia. Você é bem-vindo na África do Sul.

A dor do cansaço finalmente dá as caras. Após quatro dias de trabalho incessante e muita caminhada, a energia acabou. Ainda é cedo para o voo... Faltam seis horas. Dois funcionários sentam ao meu lado e puxam papo.

Ao descobrirem que passarei a noite aqui, oferecem um espaçoso sofá dentro de uma sala. As luzes lá dentro estão apagadas. Há um homem sentado na poltrona ao lado do móvel que farei de cama. O indicador da bateria do celular pisca e *voilá*... O celular apaga descarregado.

Não tenho um adaptador para tomadas inglesas e receio perder o voo, caso durma. Percebendo a dúvida pessoal – carregada de frustração –, o rapaz milagrosamente oferece um adaptador. Coloco o cabo na tomada e converso com ele apenas o suficiente para ressuscitar a bateria e acionar o alarme. Feito isso, peço desculpas e desabo no sofá, sem ponderar o risco de acordar sem a bagagem.

Pouco mais de quatro horas depois, o aparelho apita. Acordo mais descansado e com a sala vazia. As malas seguem intactas e a bateria do celular está cheia. O fio do carregador se encontra minuciosamente enrolado ao lado da mochila. Bendito seja o desconhecido amigo.

O caso Pistorius

Há muito de Inglaterra em Pretória. O frio, inclusive. Os casacos pesados e cachecóis dos pedestres confirmam a sensação que beira os cinco graus à uma da tarde. Parques públicos são grandes e bem-cuidados na capital administrativa sul-africana. As placas de trânsito são exatamente iguais às usadas em solo britânico. As ruas são bem asfaltadas.

O centro comercial traz a recordação dos tempos que vivi em Manchester. Calçadões largos abrigam comerciantes informais, lojas de grife e artistas de rua. O primeiro passeio a pé pela cidade é guiado pelas notas do reggae do violão de um sósia de Bob Marley. Nas vitrines de lojas de conveniência, encontram-se jornais e revistas enfileirados. Eu me aproximo e uso a mão para diminuir o reflexo no vidro, causado pela luz do sol, que não esquenta.

"Oscar está destruído", diz a manchete de capa do periódico *The Star*, um dos mais populares da África do Sul. Oscar Pistorius me trouxe até aqui. Pela última vez, ele será julgado pelo assassinato de sua namorada, Reeva Steenkamp, famosa modelo sul-africana.

O caso do século, de acordo com a imprensa nacional, é extremamente controverso e segue nos tribunais assombrado pelo fantasma do apartheid. Pessoas comuns discutem se o ex-atleta estaria tendo privilégios no julgamento por ser branco, rico e famoso. O assunto é tema de debate até mesmo em programas de TV.

Pistorius entrou para a História ao se tornar o primeiro atleta paralímpico a competir nos Jogos Olímpicos ao lado de esportistas sem deficiência alguma. Isso aconteceu nos Jogos de 2012, em

Londres. Ciência e tecnologia lhe deram próteses de fibra de carbono. Seu talento e determinação lhe trouxeram o estrelato de seis medalhas paralímpicas.

Em 1986, nascia em Pretória um menino loirinho e sem as fíbulas – osso situado na parte externa das pernas, ao lado da tíbia –, fato que o levou à dupla amputação, logo aos dezoito meses de vida. A mãe sempre o incentivou, contudo morreu cedo. Pistorius tinha apenas quinze anos, e o episódio o marcou bastante. Uma tatuagem em seu braço – com as datas do nascimento e da morte dela – confirma isso.

No dia 14 de fevereiro de 2013, Oscar Pistorius deixou sua casa em Pretória escoltado por autoridades como principal suspeito de matar Reeva Steenkamp. Em depoimento, o atleta alegou ter ouvido barulhos dentro de casa durante a madrugada. Pegou uma pistola 9mm na gaveta e atirou quatro vezes contra a porta do banheiro. Reeva estava lá dentro. A promotoria do caso, no entanto, acredita que o crime foi premeditado e executado após uma discussão do casal.

Relatos de pessoas próximas afirmam que Pistorius sempre teve um comportamento volátil. Gostava de carros de luxo e armas de fogo. A ex-namorada Samantha Taylor, com quem ele namorou por um ano e meio, relatou que ele tem uma personalidade que apresenta momentos agressivos. Os julgamentos na Suprema Corte de Pretória arrastaram-se por três anos e meio até chegarem ao dia de hoje.

O SporTV acompanhou o caso desde o início, através do grande trabalho do repórter Felipe Brisolla – integrante da primeira edição do projeto Passaporte SporTV, em 2010. À véspera do desfecho, Felipe atua como correspondente em Londres e fez questão de me prover o máximo possível de informações.

Na porta do tribunal, carros de imprensa e caminhões com grandes antenas transformam a rua numa estação de TV. Repórteres, fotógrafos, cinegrafistas, manifestantes – e alguns curiosos – competem por espaço.

Chega um luxuoso carro preto. O motorista estaciona, deixa o veículo e abre a porta traseira. Pistorius desponta elegantemente vestido. Carrega um olhar fundo, distante. Como nos bons tempos de atletismo, sai apressado, porém tropeça num cartaz colado numa placa de isopor. *Plaft*! O isopor quebra. Ele se desequilibra e ameaça pôr a mão no meu ombro para seguir o caminho da justiça. Em segundos, Pistorius desaparece do alcance das lentes e os jornalistas se espalham.

— Esperamos que seja o capítulo final. Tem sido uma longa jornada para todos. Família, corte, além, é claro, da mídia e da sociedade. Independentemente de as pessoas concordarem ou não com a sentença, acho que estão felizes por isso estar chegando ao fim — diz Maryke Vermaak, jornalista de uma rádio local.

A sessão leva apenas uma hora e meia – tempo suficiente para o chão gelado congelar a sola dos pés de quem aguarda na calçada. Ao menos duas dezenas de pessoas se espremem para assistir ao veredicto da juíza Thokozile Masipa através do monitor de uma das emissoras responsáveis pela transmissão ao vivo do julgamento.

— A opinião pública pode ser alta e persistente, mas não desempenha papel nenhum na decisão desta corte — afirma a juíza, ao anunciar a pena de seis anos de prisão em regime fechado.

A sentença é inferior a quinze anos, período considerado mínimo para esse tipo de caso, segundo a legislação sul-africana.

— Isso é um absurdo... Queria ver se fosse negro e pobre! — protesta um fotógrafo ao meu lado.

O hotel onde estou hospedado é extremamente bem localizado. Fica na Stanza Bopape Street, rua em frente ao parque que leva ao Union Buildings, o palácio presidencial sul-africano. O local, que serve de morada e gabinete para o presidente em exercício, é tido como uma das mais belas obras arquitetônicas do país. Construído todo em arenito, ao melhor estilo vitoriano, ostenta suntuosos jardins esverdeados.

Da janela do meu quarto é possível ver, lá de longe, a estátua de Nelson Mandela, com nove metros de altura, posicionada ao centro da construção. Com os braços abertos, o "Madiba" – apelido do mais importante líder opositor ao apartheid – parece abraçar e proteger a nação pela qual tanto lutou.

Com a sentença final de Pistorius definida, o dia de hoje é livre e a missão é explorar. Terminado o café da manhã no restaurante do hotel, converso com a atendente chamada Gladness. Após explicar um pouco sobre a cidade e dar dicas turísticas, a moça ensina um típico cumprimento da tribo ndebele, da qual faz parte:

— Pressione com firmeza seus quatro dedos contra os meus. Em seguida, toque seu polegar no meu com força.

Plec! O estalar dos polegares faz a moça dar uma risada.

— Este é o toque das ruas. Nós, os ndebele, somos maioria aqui em Pretória. Agora você está pronto para andar por aí — comenta a funcionária de sorriso largo.

Os dias em uma cidade com mais estrutura acalmam. As baterias estão recarregadas para o regresso ao Quênia. O voo de volta para Nairóbi sai no começo da noite do Aeroporto Internacional Oliver Tambo, em Joanesburgo, a cinquenta quilômetros de distância de Pretória.

Aeroportos são como fendas temporais. Os minutos correm diferente. Pessoas distintas em cor, língua e credo sentam lado a lado. Todas no aguardo do futuro numa terra quase neutra.

No guichê da Kenya Airways, ao notar que sou brasileiro, uma atendente diz que um dos funcionários fala português.

— É o José.

— Onde ele está?

— Não está aqui agora... Uma pena!

Já na área de embarque, vou ao banheiro. Lá, o faxineiro mostra os dentes de forma amistosa.

— Bem-vindo ao meu escritório! — Cumprimenta em inglês.

Em seguida, ele se vira para um homem loiro de saída e pergunta como foi o dia dele. Ao escutar respostas positivas, acena com a cabeça e comemora.

— Que bom. Deus te abençoe!

Noto que ele faz isso com todos. Nos intervalos entre as saudações e despedidas, assobia uma canção enquanto limpa o banheiro.

A fenda temporal dos aeroportos contribui para leituras, e acabo de terminar um livro. Porém, cansa ficar tanto tempo calado. A vontade de falar, principalmente em português, é grande. O WhatsApp é a solução. Mas nada de resposta para os áudios enviados a amigos e familiares. O tédio começa a bater quando as caixas de som anunciam o embarque para Nairóbi.

Bilhete e documento em mãos. A moça escaneia o código. Passa. Boa viagem, senhor. Obrigado, senhora. O ritual das viagens. No túnel de acesso à aeronave, estão dois funcionários. A inquietação é tanta que os cumprimento:

— *Hello!*

— Tenha uma boa viagem, meu amigo — responde em bom português.

— Você é o José?

— Sim, me falaram sobre você, o brasileiro a caminho do Quênia. Aproveite a África! — termina o rapaz provavelmente de Moçambique ou Angola, ex-colônias portuguesas.

Viver, trabalhar e viajar sozinho faz você valorizar o silêncio. Observar mais. Reparar no que está ao seu redor. De certo modo, a solidão controlada traz entendimento. Senão do todo, de si próprio. Diálogos anônimos ganham vida nos tímpanos agora mais atentos. Reconhecer o valor do silêncio aumenta a importância do diálogo com quem gostamos. A "vida a um" passa num ritmo mais lento. Depois de um tempo – e por um tempo – faz bem. Só é preciso aprender a conviver com a saudade.

A cinematográfica cidade etíope

O letreiro do hotel, na entrada da cidade, está quebrado. A luz vermelha, que ilumina as letras, aponta um curto-circuito e pisca ilogicamente. A escuridão das nuvens e o vento indicam que a chuva está a caminho. Impossível, aliás, entender o que diz a bendita placa da hospedagem. Está escrito em amárico, principal idioma falado na Etiópia.

— Sou um dos poucos aqui que sabem falar inglês — afirma Biruk Fikadu.

Biruk será meu guia durante os três dias em Bekoji, no interior da Etiópia. Ele tem 21 anos e, aos 13, se tornou uma celebridade local ao ser escolhido por um grupo de cineastas britânicos para narrar um documentário sobre a cidade onde nasceu.

Town of Runners [Cidade dos corredores] foi gravado ao longo de três anos e lançado oficialmente em 2012. O longa-metragem fala sobre a magia de Bekoji, uma cidade com 16 mil habitantes, onde atletas treinam subindo e descendo montanhas, correm em florestas e se alimentam à base de cevada. Filosofia de treinos criada por um único homem, Sentayehu Eshetu, mais conhecido como "The Coach" [o Treinador]. A história, digna de cinema, já rendeu à cidade dezesseis medalhas olímpicas, 32 títulos mundiais e dez recordes globais de atletismo.

Assisti ao filme no início de 2016, no Rio de Janeiro, durante o período de preparação antes da viagem. Ao subirem os créditos finais da produção, anotei o nome do diretor, Jerry Rothwell. Daí foi só fuçar com afinco na internet para conseguir seu contato. Solícito, o cineasta prometeu ajudar na missão Bekoji. Ele ainda garantiu que nenhuma equipe de reportagem brasileira pisara lá até então.

— A melhor coisa a se fazer é entrar em contato com Biruk Fikadu. Ele estará apto a organizar tudo para você. Biruk está copiado aqui. Espero que dê certo. Saudações! — explicou Jerry num dos e-mails trocados.

Marcelo França foi enfático em seu conselho sobre a Etiópia:

— Dizem que a comida lá é do caralho. Escute Mulatu Astatke.

O Google, amigo de todas as horas, ajudou a explicar que Astatke era o fundador do movimento musical chamado *ethio-jazz*, o jazz etíope. Veremos a comida. A música, de fato, é boa. Meus fones de ouvido são a prova disso e já reproduzem o som do artista durante a aterrissagem na capital do país, Adis Abeba ["a nova flor", traduzindo do amárico].

O Aeroporto Internacional Bole está entre os mais modernos que vi na África. Amplo e bem sinalizado, o local causa uma primeira impressão positiva.

A produção para a viagem de uma semana pela Etiópia, começando com a ida para Bekoji e depois voltando para a capital, durou quase um mês. Foram necessários vários e-mails e ligações para Biruk – também para Mekonnen, um jornalista freelancer que mora em Adis Abeba, cujo contato consegui por intermédio da imprensa queniana.

Pelo combinado, Biruk está me aguardando em uma van no estacionamento do aeroporto para pegarmos direto a estrada rumo ao interior do país.

Os etíopes chamam a atenção pela aparência diferente em relação aos demais povos africanos. A pele possui tonalidade mais clara e os traços do rosto são mais delicados.

Bagagem recolhida. A porta automática de saída do aeroporto se abre. Alguns passos adiante e ela se fecha. Ainda é começo de tarde e o dia está ensolarado, apesar da temperatura amena. O estacionamento fica depois de uma escadaria comprida. Vejo Biruk tão logo boto o pé no primeiro degrau. A sensação é de encontrar pessoalmente alguém famoso. Vem na memória a noite em que assisti ao filme *Town of Runners*, lá no Brasil, com um balde de pipocas nas mãos e o sentimento de que a realidade africana era algo extremamente distante.

Biruk traz no rosto a figura de um jovem cinco anos mais velho do que o menino protagonista do filme. Ao seu lado está Eyob.

— Ele trabalha como motorista na agência de turismo da qual sou parceiro. Estará com a gente durante esses dias em Bekoji — apresenta Biruk.

Um adesivo do atacante uruguaio Luis Suárez vestindo a camiseta do Barcelona, colado no vidro de uma das janelas do veículo, retrata a Etiópia moderna. O país é o único do continente que não foi colonizado por potências europeias durante os séculos XIX e XX. Durante a Segunda Guerra Mundial, a Itália chegou a invadir a Etiópia, porém não conseguiu dominá-la. O povo etíope se orgulha disso.

Eles também possuem uma das histórias mais ricas e antigas da humanidade. Com personagens do Velho Testamento, como a rainha de Sabá (século X a.C.), até deuses do século XX. Você não leu errado. Deuses. O deus da religião rastafári, criada na Jamaica, é o antigo imperador etíope Haïlé Selassié, que governou o país entre 1930 e 1974, e hoje está enterrado dentro de uma igreja ortodoxa no centro de Adis Abeba.

Todavia, a figura de Luis Suárez – craque do futebol europeu – no vidro da van é a prova de que, aos poucos, a Etiópia está se abrindo para o mundo ocidental.

O país habita o imaginário popular mundo afora como referência da desgraça. Fome, miséria e epidemias. A Etiópia é uma nação agrícola. Mais de 80% da população vive da agricultura, seja ela familiar ou não. Entre 1983 e 1984, o território sofreu com um grave período de seca e, como quase todos dependiam da terra para se alimentar, a fome alastrou-se pelo país. Cerca de um milhão de pessoas morreram. A imprensa internacional cobriu e divulgou a crise alimentícia etíope, e o povo daqui ficou estigmatizado até hoje como famélico.

Ao passo que avançamos na estrada rumo ao interior, vejo, porém, um cenário diferente através da janela. Propriedades rurais bem-cuidadas, estradas com asfalto de boa qualidade e diversos geradores de energia eólica derrubam o estereótipo miserável. A trilha sonora da viagem confirma: a globalização vem chegando. Justin Bieber puxa a fila de astros internacionais na playlist colocada por Eyob.

— Bekoji está próxima — anuncia Biruk, ao notar que um quarteto de vacas gorduchas atravessa a pista e nos força a frear.

As primeiras gotas caem logo no início do jantar no restaurante do hotel. Exceto Biruk, ninguém aqui fala inglês. À mesa, uma incrível sopa de carneiro. Tempero marcante, levemente apimentado e pequenas tirinhas de carne muito macias. Marcelo França tinha razão: a comida é fantástica.

Terminada a refeição, Biruk encarrega-se de explicar aos funcionários o motivo da minha visita, o tempo de hospedagem e assim por diante.

— O chuveiro só esquenta quando eles ligam o aquecedor.

— Então vamos pedir para ligarem agora, por favor. Depois você vai embora e vai ser complicado.

— Bem pensado. Vou falar com eles e partir antes que a chuva piore.

Ainda não é noite, contudo as nuvens carregadas já escondem o sol. O hotel possui apenas dezesseis acomodações, distribuídas numa construção de piso único em forma de U. As portas dos quartos contornam o estacionamento descoberto que fica ao centro e, quando abertas, dão de cara para ele.

Um funcionário me entrega a chave e mostra o número inscrito nela. Em seguida, aponta a direção do quarto. O local é simples, porém aconchegante. O chuveiro começa a lançar suas primeiras gotas quentes, quando o céu passa a despencar lá fora. O som dos raios aumenta de frequência.

Fim de banho. Me ajeito na espaçosa cama de casal e ligo a TV. O dedão pressiona continuamente o controle remoto. Os canais são em amárico ou árabe.

— Que maravilha... — digo em voz alta.

Até que surge um canal de filmes em inglês. A cena mal começa e, de repente, um estrondo sacramenta o apagão. Acabou a energia.

A lanterna do celular ajuda a iluminar as páginas de um livro que eu trouxe na mochila. É a única forma possível de entretenimento. Ainda são oito da noite. O chiado da tempestade, bem como a necessidade do descanso e de poupar a bateria do aparelho, já que não há como carregá-lo, obrigam o sono forçado.

O jeito é fechar os olhos e torcer para que são Pedro ajude nas gravações em Bekoji.

Toc, toc, toc! Desperto com alguém batendo na porta. Ainda de pijama, abro e vejo Biruk ao lado de Sentayehu Eshetu, "O Treinador" etíope. Para nosso azar, o tempo continua fechado, mas chove pouco.

Eshetu é um senhor baixinho e sorridente. Veste um boné e um agasalho esportivo. Ele trabalhou muito tempo como professor de educação física em escolas da região e começou a ensinar atletismo em 1976. Sabe somente algumas poucas palavras em inglês, por isso Biruk atuará como intérprete na maior parte do tempo.

Andamos alguns metros até o restaurante do hotel. Para o café da manhã, temos dois tipos de *injera*, com e sem pimenta. Preparada à base de cevada, injera é uma das mais tradicionais receitas etíopes e assemelha-se a uma massa de crepe. Geralmente possui o tamanho de um prato e, por cima, colocam-se pequenas porções de mistura: legumes refogados, carnes ou purês. Não se usam talheres. Com a mão, puxa-se um pedaço do injera para, na sequência, envolver o recheio desejado e, por fim, levar o alimento à boca. Uma bela descoberta. O sabor é daqueles de deixar saudade horas depois.

Rica em carboidratos, a cevada, aliás, é a base da alimentação dos corredores de Bekoji – é para os etíopes o que o ugali é para os quenianos. Além do injera, todos bebem uma vitamina chamada *besso*, de cor bege, preparada com cevada batida e de consistência cremosa.

O treinador Eshetu levanta-se da cadeira e, com a mão, convida-me a acompanhá-lo. É a vez da cerimônia do café.

A Etiópia é o berço da bebida quente mais apreciada no Brasil. Uma lenda conta que, há milhares de anos, um pastor etíope notou que suas cabras ficavam mais dispostas ao mastigarem folhas da planta. Resolveu, então, preparar uma bebida com seus grãos, e monges passaram a tomá-la para ficarem acordados durante os momentos de oração.

A história confirma que o cultivo do café teve mesmo origem nesta região do planeta e depois a cultura foi levada para as Arábias. O café, contudo, só ganhou o mundo a partir do século XVI. No Brasil, chegou em 1727, através de uma muda trazida da Guiana Francesa.

Aqui na Etiópia, o hábito possui todo um ritual, considerado um sinal de hospitalidade.

— O que você verá agora acontece todos os dias, seja em restaurantes ou em encontros familiares — explica Biruk.

A preparação do café é reservada às mulheres etíopes. Na porta do restaurante do hotel onde estamos, duas funcionárias sentam em banquinhos baixos em frente a uma mesinha cheia de apetrechos. Uma delas, com um pano branco enrolado na cabeça, lava os grãos verdes. Logo após, a outra utiliza uma chapa de ferro, aquecida por um pequeno fogão à lenha, para torrá-los. A moça apanha uma colher e mexe com cuidado. Lentamente, a fumaça espalha-se pelo local.

— Puxe a fumaça para você. Sinta o cheiro — pede ela num inglês esforçado.

Após o processo de torra, elas moem os grãos de café em um pequeno pilão de madeira e, em seguida, passam o pó para um bule de barro. A adição de água fervente finaliza o processo que levou cerca de meia hora. Agora é só degustar a bebida fresca e quentinha.

A chuva realmente não dá trégua. Nada que assuste o pessoal daqui. Parte do treinamento dos corredores de Bekoji é feita numa reserva florestal da cidade. Os atletas correm em zigue-zague entre as árvores de troncos compridos.

— Esse tipo de treino desenvolve a flexibilidade deles — explica Eshetu, para em seguida soltar um berro, em amárico, incentivando seus pupilos.

Enquanto filmo a cena com quase trinta esportistas em ação, Biruk protege a câmera com um guarda-chuva. Da floresta, seguimos para um terreno próximo onde eles farão uma sessão de exercícios e alongamentos sob uma área coberta.

— Treinamos uma vez por dia e cinco vezes na semana — conta Eshetu, que, aos 59 anos, treina 178 atletas.

Enquanto ando de um lado para o outro em busca de enquadramentos diferentes para a reportagem, Biruk Fikadu explica que a cidade está mudando por causa do documentário produzido por Jerry Rothwell, em 2012.

— Mais pessoas sabem que existem grandes corredores vindos daqui, como Tirunesh Dibaba, tricampeã olímpica, e que temos um grande treinador. Há muitos turistas vindo para Bekoji, e estou ganhando um emprego, literalmente, já que trabalho com eles.

Três dias peculiares. Uma cidade onde me comuniquei com quase todos através de gestos e expressões faciais. Uma terra de comida singular e pessoas hospitaleiras. O inóspito, na realidade, está dentro de nossas concepções culturais particulares. Se bem dizer, qualquer lugar pode ser *o lugar*. Olhar o próximo e o todo sem julgamentos. A curiosidade liberta; o medo tolo e infundado limita.

Terminadas as gravações da reportagem, Eyob, o motorista, e Biruk voltam comigo para a capital. A chegada em Adis Abeba marca o retorno à civilização moderna. Após 72 horas sem TV, internet, ou qualquer outra distração tecnológica, adentramos uma área onde surge a primeira barrinha de sinal no celular. O aparelho pisca e apita continuamente até travar. Incontáveis e-mails, registros de ligações perdidas e mensagens no WhatsApp sobrecarregam a memória dele.

Reinicio o aparelho. Pronto. Abro a caixa de conversa com meus pais e digito uma mensagem-padrão que também enviarei para algumas pessoas.

— Fiquem tranquilos! Estou mais vivo do que nunca. A Etiópia é surpreendente!

A van estaciona em frente ao hotel, agora luxuoso, onde passarei os próximos quatro dias até o retorno ao Quênia. Ignoro as novas mensagens não lidas vindas do Brasil e, primeiro, abro o bloco de notas em que salvei as traduções da entrevista feita com Sentayehu Eshetu. Deslizo o dedo sobre a tela até achar o trecho mais impactante, então viro o aparelho para Biruk.

— Obrigado por terem me deixado conhecer a realidade de vocês.

Biruk responde com um sorriso satisfeito. A fala de Eshetu diz o seguinte:

Eles dizem que é só uma história... Mas é uma história real. É um trabalho verdadeiro. Quando construímos as pistas, quando os atletas treinam... Nós realmente treinamos na floresta e fazemos zigue-zague nas árvores. Tudo isso é uma história real. Não é uma lenda. Nosso único segredo é o trabalho duro, apenas o trabalho duro.

Capítulo 7
Terra confusa

Realidade ou imaginação?

— Alô! Bom dia!

— Alô! Fala, Willice. Como vai?

— Ela nasceu! Ela nasceu!

— Caramba, parabéns! Qual o nome dela?

— Aggie.

— Lionel agora tem uma irmãzinha, então.

— Ela é linda, rafiki. Parece com a mãe.

O dia começa com a ligação de Willice contando sobre o nascimento da filha. Há algum tempo ele estava preocupado com a gestação de Risper.

Vivi momentos distintos ao longo dos meses de amizade com o motorista queniano. Da morte do pai ao nascimento da filha. Do fim ao início. Um ciclo renovador.

Nunca saberei se foi mesmo Willice o responsável pelo episódio envolvendo a polícia no centro de Nairóbi, porém é inegável que a convivência com ele tem sido importante e colabora na compreensão da realidade queniana. O roliço companheiro ajuda a encontrar entrevistados para determinadas pautas, descomplica situações do cotidiano por ser daqui e falar suaíli, inclusive ajuda nas gravações. Filmar a si mesmo – especialmente com uma câmera sem visor giratório – é uma missão ingrata. Bendito Willice, que resolveu aprender um pouco sobre enquadramentos e auxilia com frequência na tarefa.

— Vai um pouco para trás. Está sobrando muito espaço sobre a sua cabeça. Agora um passo para a direita. Isso! Vou apertar o rec — aconselha ao olhar o visor com a imagem a ser gravada. — Estou virando jornalista — gaba-se.

Ao chegar ao condomínio e estacionar o carro, o motorista vem me cumprimentar com um típico aperto de mão de Nairóbi. Willice transborda felicidade pelo nascimento da filha. As palmas das mãos ganham distância e, em seguida, tocam-se com força. *Paft!* Sem soltar, viram-se uma vez. Depois, viram-se novamente, retornando à primeira posição. A saudação malandra é comum nas ruas, e aprendi na marra para parecer descolado.

A porta aberta do veículo revela uma revista em quadrinhos abandonada no banco de trás.

— Posso ver aquele gibi?

— Claro, rafiki. As crianças esqueceram ele aí hoje cedo.

Além do trabalho fixo comigo, Willice leva e busca diariamente para a escola uma dupla de irmãos, menino e menina, com oito e seis anos respectivamente. Outro dia, ele me explicou a ligação com eles.

Os pais das crianças são donos do condomínio onde moro e, devido aos anos de serviços prestados pelo motorista, criaram uma relação de confiança. Ano passado a mãe ficou muito doente. Com câncer, ela pediu para o motorista ajudar a cuidar de seus filhos.

— Eles gostam muito de você. Não deixe de levá-los para a escola. Estudar é fundamental — pediu a mulher meses antes de falecer.

Desde então, Willice vê o compromisso com as crianças como uma de suas maiores responsabilidades na vida. Já fui com ele buscá-las na escola algumas vezes, quando o horário de saída dos alunos coincidia com o período de produção das reportagens.

O gibi está aberto numa página que chama a atenção. O título é "Charlie Pelé". Os quadrinhos seguem num indecifrável suaíli, entretanto as ilustrações revelam a história de um menino fanático por futebol. A clara menção ao maior ídolo esportivo brasileiro e o tema da historinha despertam um insight: "Isso rende uma reportagem", penso.

***

Uma rápida busca no Google revela tratar-se do *Shujaaz*, projeto criado em Nairóbi em 2007, que já ganhou dois prêmios internacionais: o Emmy de comunicação para juventude, em 2012 e 2013. O nome da revista quer dizer "Heróis" no idioma local. Ofereço a pauta para o *Redação Spor*TV. O aval vem rápido.

A tentativa de contato pelo site não funciona, então decido tentar marcar tudo à moda antiga: batendo na porta deles. Anoto o endereço exibido no rodapé da página on-line e deixamos o condomínio.

O escritório do projeto fica em Karen, um dos bairros mais ricos da capital queniana e que abriga grande parte dos brancos com descendência britânica.

A ideia funciona, e a equipe do *Shujaaz* nos recebe com extrema cortesia. Ao ouvir que pretendo fazer uma reportagem de TV para o Brasil, Paul Ekuru, produtor executivo do projeto, conta:

— Não nos consideramos um veículo de mídia convencional. A ideia do projeto surgiu pouco depois de 2007, quando o Quênia quase entrou em guerra civil após uma suspeita de fraude nas urnas da eleição para presidente. Era preciso falar com a juventude sobre melhores valores. Era preciso pensar no futuro.

— Daí a revista em quadrinhos? Para falar com as crianças?

— Não temos só o gibi. Trabalhamos também com um programa de rádio de mesmo nome, que entra na grade de 24 emissoras semanalmente.

— Interessante...

— Boa parte do povo queniano ainda não tem acesso à televisão. Por isso, o rádio e a HQ são boas saídas. Começamos em 2010.

— Como funciona esse programa de rádio?

— Você já vai entender. Criamos um universo lúdico. São quatro personagens principais nas histórias em quadrinhos. Cada um é de uma região diferente do país. Charlie Pelé é do vale do Rift, duas meninas são do litoral. E nosso protagonista se chama DJ Bowie e vive no subúrbio de Nairóbi. Bowie é um jovem disposto a se comunicar com os outros, que criou uma rádio pirata no porão da casa da mãe.

— Um jornalista então?

— Quase isso! E nosso programa de rádio é apresentado por ele.

— O personagem existe mesmo?

— Não há resposta para essa pergunta. A imaginação é fundamental quando queremos alterar a realidade.

— E Charlie Pelé? É inspirado mesmo no Pelé brasileiro?

— Claro! Pelé deixou uma marca no mundo. Charlie fala sobre ideias sustentáveis para a vida rural, mas no fundo ele quer ser um jogador profissional de futebol. Tantos outros jovens deste país se identificam com isso... Então, sendo um verdadeiro espelho deles próprios, fica fácil para a juventude assimilar e se engajar com nossas ideias.

A gravação ocorre três dias depois. Passo uma manhã toda no escritório para entender a dinâmica da equipe, formada por quenianos e ingleses. Durante a primeira visita, tive uma ideia para a passagem da matéria, baseado na essência do projeto: misturar realidade e imaginação. Pedi então para um dos ilustradores preparar uma sequência de quatro desenhos em que a figura do repórter – no caso, eu – estivesse andando até sumir da página. Na edição, minha voz entrará em off e, logo em seguida, vem o vídeo real dando continuidade ao movimento feito à caneta. Doideira. Mas dará certo.

Equipamentos guardados, abraços de despedida e sigo de carro com Willice para o caminho de casa. Há um grande mercado informal bem na saída do bairro de Karen.

Vendedores expõem frutas e legumes ao lado da pista que leva ao centro da cidade. Os tomates são muito vermelhos e redondos. O trânsito está parado e, com a mão, peço três. Assim que o homem entende, os carros começam a andar. Dois quarteirões depois, mais congestionamento. O retrovisor mostra o vendedor correndo com uma sacola cheia de tomates.

— Aqui está, senhor — diz à beira da janela.

Vendedor esforçado e convincente. Correu um bocado por uma venda. Decido levar todo o saco de tomates.

Para gravar a parte final da passagem, é necessário encontrar um cenário semelhante ao do desenho: uma linha de trem margeada por casinhas simples de ambos os lados. Arredondadas linhas de caneta constroem um céu com poucas nuvens. O tempo ajuda: o dia está igual ao da ilustração.

Falta o local físico. Funcionários do condomínio onde moro indicam uma área parecida e lá vamos nós à procura dela. Willice garante saber onde é.

Para estacionar próximo à linha de trem, um guarda pede dinheiro. A partir daí, o trajeto até o ponto sugerido pelos funcionários deve ser feito a pé. O segurança topa nos acompanhar. É preciso passar por debaixo de uma ponte. Ao lado do trilho, protegida do sol pelo concreto, uma senhora prepara uma fogueira em plena luz do dia. Ao lado dela, meia dúzia de sacolas guardam seus poucos pertences. Deve viver aqui. Ela nos cumprimenta com a cabeça.

A escuridão do túnel acaba e o cenário à frente se revela igual ao desenho. O ilustrador parece ter se baseado nessa imagem. Fantasia imitando a realidade? Ou seria pura sorte encontrar um local tão parecido?

Preparo o tripé e começo a gravar. Venho caminhando da direita para a esquerda enquanto falo o texto. Depois de pronto, a ideia é parecer que saí do desenho para o mundo real, assim como o criativo *Shujaaz*.

Um canto religioso compõe o ambiente.

— Tem uma igreja anglicana aqui perto — explica o guarda.

— Podemos ir até lá? — pergunto.

Ele ri.

— Melhor, não. Precisamos ir embora logo. É uma área perigosa... Estamos ao lado de uma das entradas da favela de Majengo.

Willice coça a cabeça preocupado. Olho para a senhora embaixo da ponte. A fogueira está acesa. Ela nos observa. Viro o pescoço para a direita em direção à favela onde vivem Fauzia e Peris. Como estariam elas?

Semanas atrás, ao arrumar as malas para ir embora de Iten, tive um pressentimento. O interior do Quênia ainda guardava boas histórias. Os oitos dias vividos na calmaria da cidade no vale do Rift fizeram com que eu propusesse à chefia do SporTV uma mudança às vésperas do início dos Jogos Olímpicos do Rio.

O projeto faz sentido: deixar a capital, já explorada ao longo de seis meses de reportagens, e migrar para a terra onde vivem os atletas com mais chance de conquistar medalhas no Brasil. Poderia, assim, entrevistar os corredores antes de embarcarem para a competição e mostrar como famílias, amigos e empresários assistem às provas. Será que a tranquilidade do campo deixa de existir durante o maior evento esportivo do mundo?

Horas de pesquisa se vão à frente do computador e concluo que o plano é viável. Em poucos minutos, obtenho um retorno positivo vindo de Marcelo França. Ele adorou a ideia e pediu para que corrêssemos com as questões burocráticas.

A maior preocupação é quanto ao sinal de internet em Iten. O SporTV fará uma cobertura olímpica histórica, com dezesseis canais mostrando 96% das competições. Algo nunca feito na história da televisão mundial. Um dos canais trará 24 horas de notícias e entradas ao vivo dos repórteres num ritmo frenético. Ou seja, ficar off-line está fora de cogitação.

Ligações feitas. Orçamentos solicitados. E-mails e mais e-mails trocados. Pronto, chegou a hora.

— França, sugiro me mudar para o hotel Kerio View. Quando estive lá para gravar uma entrevista, pude ver que a internet é boa. Além disso, é uma hospedagem confortável, segura e com um visual deslumbrante. Terei inúmeros cenários para gravar e o melhor: nosso custo mensal será reduzido pela metade — explico por e-mail.

Com tantos argumentos favoráveis ao projeto, ele dá o aval para o local escolhido. Preciso agora rescindir o contrato de aluguel no condomínio onde moro em Nairóbi. A empolgação da iminente mudança vence o cansaço do semestre de trabalho que vai chegando ao fim. A troca de morada, aliás, trará gás novo na reta final do projeto Passaporte.

Na recepção do condomínio Heri Heights, Diana, a simpática atendente de lábios carnudos, coloca os papéis de rescisão sobre o balcão. Pego uma caneta e os assino. Corre um frio pela espinha. Agora não tem mais jeito: a cobertura olímpica queniana será feita na terra dos corredores.

Primeiras impressões

Passaram-se praticamente dois meses e meio entre o anúncio da minha ida para o Quênia e o voo para Nairóbi. Período suficiente para imergir na cultura do continente através de livros, filmes, leituras on-line e assim me preparar minimamente para a aventura.

Destaco três entre as obras que me foram essenciais na época de estudos. Retirado das inúmeras prateleiras que compõem a biblioteca pessoal do meu pai, *A partilha da África negra*, escrito pelo historiador francês Henri Brunschwig, serve para explicar por de textos e documentos como se deu a arbitrária divisão do território africano.

Outra leitura importante foi *Sonhos em tempo de guerra: memórias da infância*, de Ngũgĩ wa Thiong'o. Presente que recebi de amigo-secreto entre os participantes do Passaporte SporTV, a obra conta as lembranças de um dos mais prestigiados autores quenianos durante o tempo de colonização britânica. O pano de fundo é a Segunda Guerra Mundial e suas consequências, até certo ponto sutis, sobre a África. Tudo contado pela visão de uma criança do interior do país. Escrita interessante por me apresentar pela primeira vez, com cuidado e sensibilidade, um olhar local sobre as especificidades étnicas da região.

A última foi *Luzes da África*, livro escrito por Haroldo Castro, brasileiro que viajou com o filho por dezoito nações africanas em busca de histórias positivas sobre o continente.

Ainda no Rio de Janeiro, resolvi fazer uma espécie de teste social antes de viajar. Qual seria a opinião geral dos brasileiros sobre o Quênia? Conversas informais, diurnas ou até mesmo nas agitadas noites cariocas, costumavam cair no mesmo assunto. A pesquisa maquiavélica ouviu gente de todo tipo: homens e mulheres de diversas classes sociais e intelectuais.

Não tenho os dados precisos, contudo arrisco dizer que 95% dos diálogos seguiam com as seguintes ressalvas:

— Sério que você vai para o Quênia? Mas fazer o que lá?

— Nossa... Tome cuidado!

— E o que eles comem? Vai emagrecer, hein...

— O vírus ebola está controlado? E a malária? Capricha nas vacinas!

A opinião da maioria era preconceituosa e confirmava minha ideia anterior sobre o pensamento raso da média. Associam o país à miséria, criminalidade, falta de saneamento e fome. Um continente composto apenas por problemas. Nós, terceiro-mundistas, julgando uma nação sem ao menos conhecê-la. Estava claramente definida a missão do projeto: era preciso fugir das ideias preconcebidas e tentar desmistificar o estereótipo. O Quênia com certeza teria mais a oferecer do que apenas problemas e a tradição dos corredores no atletismo.

Antes do embarque, Jorge Luiz Rodrigues, chefe de produção do SporTV, passou o contato de Evelyn Watta, uma prestigiada jornalista esportiva queniana. Em 2013, ela fundou a Associação dos Jornalistas Esportivos do Quênia; no ano seguinte, foi premiada pela CNN na categoria "melhor reportagem esportiva na África". Desde o primeiro e-mail trocado, ainda no Brasil, ela se mostrou disposta a ajudar.

Logo na primeira semana em Nairóbi, nos encontramos num café. Embalados por um delicioso cappuccino, tivemos um papo de quase duas horas sobre Brasil e Quênia, literatura, além de inúmeras dicas de restaurantes e pautas.

Optei por mencioná-la somente nesta parte do relato, o que não diminui sua importância em toda a jornada. Ao longo de seis meses, Evelyn usou de seu prestígio junto à sociedade da capital para me apresentar pessoas importantes. Forneceu números de telefone sempre que solicitei e, com frequência, me informava sobre a realização de eventos e competições.

Com a iminente mudança para Iten, peguei o caderno de pendências diárias e escrevi uma lista de pessoas com as quais faço questão de me encontrar pela última vez.

EVELYN WATTA
ROY GACHUHI
TOM MARUKO
FAUZIA
PERIS

Neste momento da vida, não tenho religião, tampouco uma crença definida. Todavia, carrego comigo um amuleto dentro da carteira. É uma medalhinha do anjo da guarda. "Que o anjo da guarda te proteja sempre, meu filho", costuma dizer minha mãe desde que sou pequeno. Ceticismos à parte, acredito no encontro de pessoas iluminadas durante nossos caminhos. Pessoas que nos abrem portas e oferecem, de certa forma, proteção. Sob esse conceito, anjos existem. Evelyn Watta é um deles. Levo dela a crença na bondade.

O último encontro com Roy é no café mais tradicional de Nairóbi. O jornalista queniano está prestes a embarcar para o Brasil e trabalhar lá durante os Jogos Olímpicos. Pede dicas ao mesmo passo em que oferece sugestões sobre Iten e Eldoret.

Generoso, o experiente repórter simboliza a paixão de alguém por uma profissão. Ama o que faz. Deposito no abraço de despedida a energia positiva da gratidão. Levo dele o respeito pela sabedoria.

O amigo de dentes tortos é, sem dúvida, a figura mais engraçada que conheci no Quênia. Do primeiro ao último contato, Tom Maruko demonstrou respeito ao meu trabalho. Foi além. Esteve sempre disposto a ajudar. Fosse ao caminhar comigo entre as abarrotadas ruas centrais de Nairóbi em busca de equipamentos jornalísticos – nunca vi alguém conhecer tanta gente que vende câmeras e afins – ou então para colaborar numa gravação.

Ele me ajudou algumas vezes, sem custo algum, quando nos encontrávamos aleatoriamente nas pautas da vida. Levo dele a admiração pela simplicidade.

Marcamos de nos encontrar em frente a um restaurante no centro. Prometi ajudá-las com uma pequena quantia. Não resolverá a situação financeira delas, porém será um alento temporário para quem sofre tanto no cotidiano. Bem-arrumadas, chegam Fauzia e Peris. Estão felizes pelo reencontro, mas não escondem a timidez por terem aceitado a doação. Elas nunca pediram por isso.

As duas me conquistaram com a educação e a honestidade demonstrada em cada contato. Pessoalmente falando, a reportagem com elas foi a mais marcante. No fim, o time feminino de futebol de rua do Quênia não conseguiu arrecadar a verba para disputar o Torneio Mundial na Escócia. Elas sempre me avisaram de todo o processo por mensagens e ligações.

Em minutos, lá se vão elas. Estão dobrando a esquina para pegar um matatu em direção às favelas onde vivem. Elas olham para trás. Fauzia coloca a mão sobre o coração. Levo delas a empatia pela ingenuidade e força de espírito.

O adeus a Nairóbi é esquisito. Ao longo de um semestre, foram diversos sentimentos vividos aqui. A última imagem do imenso apartamento, agora vazio, desperta uma saudade imediata.

As malas já estão no porta-malas. Vem, então, a nostalgia precoce. O caminho do apartamento para o carro de Willice. A saudação ao porteiro do condomínio, Ben, que me desafiou para jogar futebol ao descobrir minha nacionalidade. Toda vez que me via chegar ou sair, simulava estar alongando as pernas para a esperada partida que nunca veio.

Brevemente chega a estrada e surgem as paisagens da savana. O ritmo da rumba faz tremer as caixas de som do veículo.

Willice está cabisbaixo. Horas se vão. Tento interromper o silêncio algumas vezes, contudo os papos não fluem.

"Seja bem-vindo à casa dos campeões", avisa o portal de entrada de Iten. Chegamos. Abrimos o vidro para sentir o ar puro do campo. É fim de tarde. Passamos pela portaria do hotel Kerio View. Uma funcionária vem ajudar a carregar a bagagem.

— Se cuida, rafiki. Você foi um irmão para mim durante esse tempo todo.

Mal tenho tempo de responder. Com os olhos marejados, Willice entra rapidamente no carro. Parece querer abreviar o momento da despedida. O veículo acelera na pista de terra e deixa o hotel. O adeus ao amigo traz o início de um novo e derradeiro ciclo.

A Olimpíada brasileira no Quênia

O espaçoso apartamento na capital queniana dá lugar a um quarto compacto com banheiro, no segundo andar de um conglomerado de chalés. O acabamento é todo rústico.

Saio andando pela propriedade de olho no celular para testar o sinal de internet. A qualidade oscila muito, e o único ponto em que ela permanece boa com constância é no restaurante do hotel. Com dois andares feitos de madeira, possui um dos lados construído todo em vidro, dando vista para o interminável horizonte verde do vale do Rift.

A Olimpíada do Rio ocorrerá entre os dias 5 e 21 de agosto. Dezesseis dias. As viagens, o choque cultural, a solidão e a imersão no trabalho – muitas vezes sem folga – começam a afetar o corpo. Não sinto a mesma disposição do início da jornada. A criatividade também anda em baixa, e tem sido cada vez mais difícil levantar da cama no início da manhã.

O ar puro de Iten é facilmente percebido no início do dia. O sereno deixado pela madrugada propaga o aroma natural do campo. "Vamos... Você consegue", penso ao encher os pulmões de oxigênio e entrar no restaurante que será meu escritório pelas próximas semanas.

Para a cobertura olímpica de 2016, o Passaporte SporTV conta com pequenas alterações nas moradas de seus repórteres. Júlia Guimarães deixou a Grécia e trabalhará em Berlim, na Alemanha, durante os jogos. Já Vinícius Eulálio se dividirá entre Cuba e Jamaica, a terra de Usain Bolt. Os demais seguem em suas mesmas bases do início do projeto. Tulius Marcius em Pequim, na China. Matheus Guaresi traz as notícias do Oriente Médio direto de Doha, no Catar. Jason Mathias está em Moscou, numa época em que denúncias de doping rondam a Rússia. Henrique Arcoverde e Paula Arantes, os dois que ficaram na cola da tocha olímpica no último semestre, agora juntam-se ao grupo de repórteres do canal no Rio de Janeiro para ajudar na transmissão das competições.

A participação de quem está fora do Brasil acontecerá essencialmente em entradas ao vivo para repercutir as disputas no Rio. Por exemplo, se um atleta queniano levar medalha numa determinada prova, a ideia é que eu entre ao vivo logo em seguida para acrescentar alguma informação sobre o feito. Por aqui, esse trabalho será por Skype, usando a webcam do notebook. Reportagens gravadas e editadas serão mais raras neste momento.

O fato de morar agora num hotel fazenda ao final de uma estrada vicinal, próximo a um despenhadeiro, numa pequena cidade do interior do Quênia onde internet é artigo de luxo, traz evidentes limitações. Contudo, meu plano de mudança mostra-se eficaz já durante o primeiro café da manhã na nova morada. Um trio de corredores e dois agentes de atletismo alimentam-se na mesa ao meu lado. Minutos depois, chega Brother Colm.

— Você voltou! Que maravilha, Plácido! — saúda o irlandês considerado o pai do atletismo queniano.

— Agora voltei para ficar. Estarei em Iten até o fim da Olimpíada.

— Ótimo. Conversaremos muito sobre atletismo, então. Costumo vir aqui no restaurante ao menos uma vez no dia. Escolheu o lugar certo para viver neste período.

— Comprei a passagem, filho.

— Não acredito... Você vem mesmo?

— Ué, não era pra ir? — brinca minha mãe.

Dois meses atrás, fui abordado no centro de Nairóbi por um guia turístico de uma agência de viagens. Na ocasião, ele ofereceu um pacote de oito dias para explorar as savanas africanas ao melhor estilo safári. Guardei seu cartão de visitas. Entro de férias no dia seguinte ao término da Rio 2016 e convidei meus pais para explorarem o Quênia comigo. A proposta inclui uma posterior ida a Portugal, saindo de Nairóbi. Meu pai agradeceu e rejeitou a oferta. Minha mãe empolgou-se desde o início... Mas não botei fé. Pediu que eu orçasse a viagem. Então pesquisei sobre a agência apresentada pelo rapaz no centro e obtive boas recomendações. Pedi um orçamento e, depois, enviei para a dona Fátima.

— Chego no dia 18 de agosto. Acompanho quietinha o final do seu trabalho e depois... Férias! Só estou preocupada com a viagem. Farei escalas no Congo, na Etiópia e em Nairóbi. A quarta e última parada é em Eldoret.

— Meu Deus! Você não fala uma palavra em inglês, mãe.

— Me viro, seu Zé!

— Você é doida! Mas estou muito feliz! É a melhor notícia possível. Busco você no aeroporto de Eldoret com o Joseph, que é o motorista que trabalha comigo aqui em Iten.

— Agora foca aí, que depois é só descansar.

***

Os dias em Iten têm sido bastante iguais. Acordo cedo, boto uma música alta e empolgante para animar o banho. Já com o uniforme do SporTV, abro o quarto e paro por alguns segundos próximo ao parapeito do sobrado que dá vista para o vale. Admiro a natureza daqui por uns instantes. Desço as escadas e cumprimento, uma a uma, as pessoas do Kerio View. O jardineiro, os seguranças, hóspedes, recepcionista e, por fim, garçons do restaurante. O café da manhã está incluído na diária do hotel.

— *Can I have scrambled eggs and a beef sausage, please?* — É o pedido de todas as manhãs: ovos mexidos e uma saborosa linguiça bovina, sem nada de gordura. O café preto completa o cardápio.

Na primeira parte do dia é o momento de me atualizar sobre o andamento dos jogos. Como está o quadro de medalhas, buscar curiosidades e pensar nas vezes em que entrarei ao vivo ao longo da programação. São quatro, em média. Como o evento é no Brasil, não adianta focar no resultado. É preciso buscar alguma informação adicional: detalhes da preparação dos atletas, alguma história curiosa sobre eles ou em relação à cultura do país, e assim vai.

Também faz parte do ritual matutino a conversa por WhatsApp com os amigos do Passaporte. Trocamos áudios sobre os planos do dia. O papo vai desde tópicos banais ao que planejamos falar durante as entradas. Esse contato tem sido fundamental para nos mantermos firmes até o fim dos jogos.

Matheus Guaresi, por exemplo, é um poço de felicidade. Mesmo aos 45 do segundo tempo, o gaúcho mantém a alegria dos tempos em que dividimos apartamento no Rio de Janeiro, antes da viagem, e conversar com ele serve de inspiração – como também rende piadas.

— Mano, o que você toma? Não sei de onde tira essa energia toda! — costumo dizer.

Já Júlia Guimarães, direto da Europa, me acompanha nas risadas e compartilha da ansiedade queniana pela cerveja ao final de cada dia.

É uma corrente positiva para superarmos o cansaço físico e mental, e encerrarmos bem o projeto.

Uma das mesas no segundo andar do restaurante virou escrivaninha de trabalho. Ela fica bem ao canto, próxima da tomada na parede. Perfeito para carregar o computador. O pessoal do hotel já nem tira mais dali um caixote, desses de guardar garrafas de vidro, que coloco sobre a mesa para que a câmera do notebook fique na altura dos olhos na hora de entrar ao vivo. De um lado, uma janela de vidro traz a vista do vale. Do outro, uma parede comprida recebe um telão, que exibe as competições olímpicas o dia todo. Justamente por isso, aparecem por aqui diversas figuras ligadas ao atletismo, e aproveito para relatar algumas das conversas que tenho com elas nas participações no SporTV.

Entre o andar dos ponteiros, quem dá as caras com frequência é Andrew Arnold, o antropólogo norte-americano. Ele também está no fim de sua aventura africana. Parte para Nova Jersey dois dias antes do fim dos Jogos.

— Estou ansioso. Sinto que é hora de voltar para casa — revelou o loiro magricela em um de nossos papos.

Diariamente, chego cedo no restaurante e retorno para o quarto quando a lua já está a pino, e há apenas um funcionário ainda trabalhando. É o jovem Peter, responsável por lavar toda a louça e apagar as luzes. Ao fechar o computador, por volta de meia-noite, vou até o balcão e, bem ao estilo hollywoodiano, peço uma cerveja para conversar sobre a vida com o garçom.

Minha mãe chega amanhã. Não consigo dormir direito. Estou preocupado. "E se ela não estiver no aeroporto na hora marcada?", fico pensando já com a luz apagada. Para relaxar, ponho para tocar uma música de ritmo suave. Lentamente, o sono chega.

Joseph me aguarda no estacionamento.

— Ansioso para encontrar sua mãe?

— Nem me fala! Mal dormi esta noite.

O amigo diverte-se com a minha preocupação e aumenta o volume do rádio.

— Temos que recebê-la com uma música alegre, para ela ver como é o Quênia! — diz o motorista.

São trinta minutos de estrada entre o Kerio View e o Aeroporto Internacional de Eldoret. Paramos o carro no estacionamento, ainda vazio. A garganta está seca. Ao pisar fora do veículo, sinto as pernas um pouco bambas. De longe a vejo. Baixinha, de óculos escuros, empunhando duas malas e com a expressão um pouco atordoada.

Corro em direção a ela. Ainda não acredito direito que Maria de Fátima Almeida cumpriu sua promessa.

— Não falei que eu vinha?

O abraço é longo e apertado. Em seguida, Joseph a cumprimenta com um aperto de mão e um sorriso. Parece entender a importância do momento e me dá um amigável tapa nas costas. Ela agora vê um pouco do que vi. Olha ao redor. Está curiosa. Quer saber onde seu filho esteve nesse tempo todo.

Nenhum de nós é filho de chocadeira. Passe o tempo que for. Seja onde for. Não existe vitória individual. Pela primeira vez em quase sete meses, sinto-me totalmente protegido.

Paz

O envio do último vídeo está no fim. Faltam segundos. Minha mãe observa apreensiva... Pronto, foi. Alívio. Nada deu errado. A partir deste exato momento, meu trabalho no Quênia acabou. Ela enche dois copos de cerveja e propõe um brinde. Noto um brilho orgulhoso em seus olhos. Em seu último aniversário, abracei meu pai ao descobrir que havia sido aprovado no projeto Passaporte SporTV. Hoje o abraço é dela.

Ao término das bebidas, dona Fátima diz que vai se aprontar para o jantar de celebração do início das férias. Assim que ela sai do restaurante, fecho o notebook e caminho lentamente até o mirante do vale que limita o local onde passei os últimos trinta dias. Miro o horizonte. Lá embaixo, na cidade, é possível avistar algumas casinhas. De uma delas, sai fumaça da chaminé.

Meus óculos estão sujos e resolvo limpá-los. Sem eles, vejo tudo de forma embaçada. Antes de chegar à África, era assim que eu a via. Vítima das generalistas opiniões míopes. A desinformação cegava.

Negros, mzungus, indianos, asiáticos, seja lá o nome dado à carcaça de cada um. São todos essencialmente a mesmíssima coisa. Apenas pessoas com conflitos e sonhos interiores ocupando um pedaço do globo. A história e a geografia nos diferem.

Enquanto uso a camiseta para fazer repetidos movimentos circulares nas lentes, presto atenção na conversa ao lado, em suaíli, entre alguns funcionários do hotel. Ainda não entendo o idioma, contudo a melodia já soa familiar.

O cenário possui um tom amarelado. Agora sei a razão. É resultado da nuvem de terra vinda das ruas e calçadas não pavimentadas. *Vumbi*, como dizem na língua deles. Significa "poeira". A poeira das cidades ainda em construção. Do país de natureza exuberante. Da nação ainda em busca de uma identidade singular.

Diferentemente do caos urbano de Nairóbi, Iten emana tranquilidade. Uma leve brisa do fim de tarde traz o doce aroma do campo. Fecho os olhos e respiro fundo seguidas vezes. Como numa lapada cinematográfica, minha memória revê flashes dos lugares visitados e dos olhares de um povo rico. Sinto a mais pura definição de paz.

Ao melhor estilo andarilho, resolvo caminhar sem rumo por alguns minutos pela empoeirada estrada onde diariamente os famosos corredores quenianos treinam em busca de uma vida mais digna.

A África espelha a complexidade humana. Compreendo--nos mais ou menos? Ponho novamente os óculos. Enxergo melhor agora?

Divulgação *Spor*TV

Quarta geração do projeto *Passaporte Spor*TV. Da direita para esquerda: Jason Mathias, Matheus Guaresi, Vinícius Eulálio, Paula Arantes, Fábio Seixas (nosso tutor), eu, Júlia Guimarães, Henrique Arcoverde e Tulius Marcius.

Plácido Berci

Boxe é tradição no Quênia, apesar de não contar com tantos recursos como o atletismo.

A direita da foto, Willice, o motorista e grande amigo queniano, que se divertia ao conhecer ídolos esportivos africanos como, por exemplo, o lendário atacante nigeriano, Nwankwo Kanu.

Plácido Berci

Plácido Berci

Um mzungu infiltrado no time do jornal *The Standard* para disputa do campeonato de futebol da imprensa de Nairóbi.

Murilo Pereira

A curiosidade das crianças negras ao encontrarem um homem de pele mais clara me marcou – literalmente, já que essa tirinha, feita por um amigo brasileiro, virou tatuagem.

Plácido Berci

Muitas escolas públicas no Quênia obrigam meninas a rasparem suas cabeças, como a Escola Primária Chanagande, em Kaloleni.

Plácido Berci

Ainda em Kaloleni, os olhares sérios das crianças que brincavam com um pneu.

Ritual do café é tradição na Etiópia, e preparação é feita apenas por mulheres.

Plácido Berci

Plácido Berci

A alegria do selfie em Nairóbi.

Biruk Fikadu

Em Bekoji, cidade no interior da Etiópia, onde nenhum outro jornalista brasileiro havia ido até então.

Plácido Berci

Na tradição Masaai, saltar alto faz parte da cerimônia de boas-vindas a visitantes e também de eventos para homens impressionarem as mulheres em busca de um casamento.

Plácido Berci

Uma das cenas mais simbólicas para mim: Dona Fátima, minha mãe, feliz em solo africano e distribuindo carinho para crianças masaai.

Plácido Berci

Escalando o monte Quênia com o filho do herói da independência nacional.

Plácido Berci

Joseph assumiu o papel de motorista e amigo na chegada a Iten.

Iten é a terra dos corredores, de onde saem grandes competidores do atletismo.

Plácido Berci

Plácido Berci

Aldeia da tribo Masaai em meio às savanas. A beleza africana em sua essência.

ESTE LIVRO, COMPOSTO NA FONTE FAIRFIELD,
FOI IMPRESSO EM PAPEL AVENA 80 G/M², NA EDIGRÁFICA,
RIO DE JANEIRO, BRASIL, MAIO DE 2018